ロカの定食

木村 緑

京阪神エルマガジン社

Basic Lesson

ロカのきまりごと

Lesson 1 塩をうまくつかう

「下味をつける」手順を省かないこと。下ごしらえの段階では意外なほど塩をする。たとえばポテトサラダを作るとき、じゃがいもにしっかりと塩味をつけておくと、均一に味がなじみマヨネーズを多く入れなくてもおいしくなる。

Lesson 2 だしのとりかた

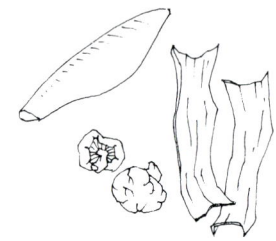

だしはなにより鮮度が命。その都度だしをとってつかうとよい。高級だしをちびちびつかうよりは、安いものでもたっぷりと入れた方がおいしい。ちなみにロカでは、昆布とかつお、しいたけが入っただしパックを使用しています。

Lesson 3 片栗粉で留める

ロカはワンプレートで料理を出すので、水気が出ないように片栗粉で留めることが多い。汁が流れないだけでなく、少量の調味料でもまんべんなく味が食材に絡むというメリットも。水溶き片栗粉は、水と片栗粉を1:1の割合で溶く。

Lesson 4 野菜は皮もつかう

野菜は皮ごとつかった方が、歯ごたえもあっておいしい。特にゴボウやレンコンは、泥をタワシで落として皮ごとつかうと香りが全然違う。アスパラの根元などの固いところは、おろし金で繊維を断ち切るようにこすってつかいます。

Lesson 5 食材をつかいきる

野菜を買ってきたら、すぐに下ごしらえをしておく。なるべく素材の状態で放置しないことが、野菜を余らせないコツ。たとえばキュウリなら、すべて輪切りにして塩もみしておくと、そのまま漬け物がわりにもなるし、日持ちがします。

Basic Rules

塩茹で………… 野菜などを塩茹でする際は、水1ℓに対し塩小さじ1を入れる。
塩水にさらす… 野菜などを塩水にさらす際は、水1ℓに対し塩小さじ1を入れる。
塩をする……… 塩で下味をつけるときは、素材の分量100gに対し3gの塩をふる。
塩もみ………… 素材の分量100gに対し3gの塩でもむ。

計量の単位は小さじ1=5cc、大さじ1=15cc、1カップ=200cc／油の温度は高温180℃、中温170℃が目安／調理時間や調理温度はあくまでも目安です。好みに応じて加減してください。

Introduction

はじめに

　小さなお店をしています。
　はじめた頃は、ごく普通のカフェでした。しかし「子どもからお年寄りまでが身も心も満足できる食事を」と、1日20食からはじめた定食が、いつの間にかほとんどのお客さまが注文するメニューとなり、今では1日中定食を出す、食堂のようなお店となっていました。

　ロカの定食は、メインのおかず2品と小鉢、サラダ、お漬け物を1皿に盛りつけたもの。それにごはんとお味噌汁をつけます。肉や魚はもちろん、葉野菜、芋や豆類、実もの、根菜をまんべんなく使い、酸味や辛みなどの味と食感を1皿の中で多彩にバランス良く感じられるようにすること。旬の食材を、余さずつかう

こと…そうして試行錯誤をくり返し、たくさんの料理が生まれました。

この本で取り上げた料理は、そんなロカの定食のなかでも人気のある定番料理ばかり。1年中つかえるレシピとなるように、季節を問わずなるべく手に入りやすい食材のみで構成しました。家に友人を招きたくなるような"見た目も味も栄養バランスも美しい"定食レシピです。

レシピというものは必ずしもひとつではありません。個人的な好み、状況にあわせてアレンジして、自分を、食べてもらう誰かを、喜ばせられるようなレシピにぜひ育てていってください。これらの定食メニューが、ロカを訪れるお客さまたちのために作られていったように。

Contents

ロカの定食 もくじ

10 A 鶏の卵巻き定食

じゃがいもときのこの揚げまんじゅう
切り干し大根のマスタードサラダ
黒ごま豆腐
セロリの中華風ピクルス

20 B いわしとピーマンの オーブン焼き定食

ゆで鶏のごまだれ
なすときゅうり、セロリのマリネサラダ
かぼちゃの寒天寄せ
冬瓜のヨーグルト味噌漬け

30 C 高野豆腐と なすの旨煮定食

〆あじとかぶの柚子マリネ
春雨と白菜のピリ辛サラダ
さつまいものピーナツ味噌和え
だしがら昆布の佃煮

40 D 大根葉の 揚げ春巻き定食

つくねと大根の煮物
れんこんと豆のサラダ
大根皮とひじきの酢の物
水菜のピリ辛漬け

2 Basic Lesson
ロカのきまりごと

4 Introduction
はじめに

50 Making Sauce
ロカのソース

97 Story about Roca
ロカのこと

110 Index
素材別索引

Tips この本は、大きな目玉クリップで
はさむと、狭いキッチンでも
シャキッと立ててつかえます

54 E ローストポーク定食

れんこんの落とし揚げ
春菊とちりめんじゃこのマカロニサラダ
ほうれん草と里いものごま和え
きのこ味噌

66 F さわらと豆腐の
ホイル蒸し定食

長いもの豚肉巻き
キャベツとりんごのごまサラダ
セロリの五目きんぴら
なすの辛子醤油漬け

76 G 三つ葉と桜えびの
豆腐コロッケ定食

おからとごぼうのハンバーグ
カレーポテトサラダ
白菜と鱈の梅浸し
ラディッシュの漬け物

86 H 厚揚げと野菜の
スペイン風オムレツ定食

焼きさばのマリネ
玉ねぎドレッシングのグリーンサラダ
ブロッコリーとわかめの白和え
きゅうりの醤油漬け

Recipe Note

A 鶏の卵巻き定食

3
切り干し大根の
マスタードサラダ

1
鶏の卵巻き

chicken

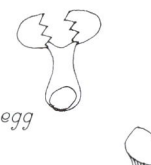
egg

potato

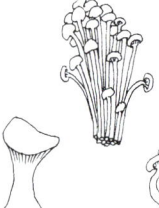

mushrooms

4 黒ごま豆腐

5 セロリの中華風ピクルス

2 じゃがいもときのこの揚げまんじゅう

　簡単な割に手の込んだ料理に見せることができる、おもてなしにぴったりの定食。「鶏の卵巻き」は、オムレツを鶏で巻くことで見た目もボリュームも華やかにアップします。「黒ごま豆腐」は色も食感も定食のアクセントに。お味噌汁の具につかってもおいしく、甘い蜜を添えればデザートに変身する優れもの。「揚げまんじゅう」は割ったときに、きのこがごろっと現れる驚きがあります。

A $\underline{1}$

Egg Omelet in Roast Chicken

鶏の卵巻き

Step 1

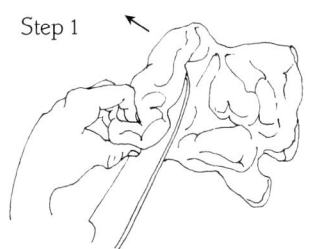

鶏肉の厚さ½の部分に
包丁を入れ、厚みが均等に
なるよう切り開く。

Step 2

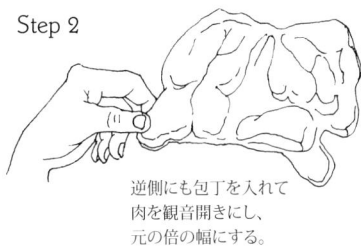

逆側にも包丁を入れて
肉を観音開きにし、
元の倍の幅にする。

[**材料**(2本分)]

鶏もも肉　2枚(1枚250g)
卵　3個
ねぎ　10cm(20g)
胡椒　少々
A
　塩　小さじ1
　醤油　大さじ½
　みりん　大さじ1
　酒　大さじ1
　生姜汁　少々

[**作り方**]

❶鶏肉を観音開きにし(図)、Aを混ぜた液に最低1時間ほど漬け込む。

❷卵を割りほぐし、塩小さじ¼、胡椒で調味し、小口に刻んだねぎを加える。

❸熱したフライパンに油をひき、②を一気に流し入れ、スクランブルエッグを作る。

❹③を2等分して、それぞれ鶏肉に巻き込む。巻き終わりを下にし、オーブンシートを敷いたパウンド型にぴったりと並べ、200℃に予熱したオーブンで10〜15分焼く。[*1]

❺上の方が焼き固まったら、肉をシートごと型から天板へ取り出し、間をあけて並べる。肉汁をかけ、さらに10〜15分焼く。

---

*1 オーブンの機種により、焼き時間が変わります。焼き上がりの目安は、

金串を刺し10秒ほどおいて引き抜き、串が芯まで熱くなっていること。

・焼いた後、冷凍保存が可能です。

A 2

Deep-Fried Potato and Mushroom Bun

じゃがいもときのこの揚げまんじゅう

[材料(2個分)]

じゃがいも　2個(200g)

ねぎ　5cm(10g) *1

きのこ　30g *2

米　30g

A
| 醤油　小さじ2
| みりん　小さじ2

B
| だし　100cc
| 醤油　大さじ1
| みりん　大さじ1
| 酒　大さじ1

[作り方]

❶米を洗ってザルにあげておく。

❷じゃがいもを茹で、熱いうちに皮をむきつぶす。

❸ねぎの芯をみじん切りにする。

❹きのことAを鍋に入れ、さっとひと煮立ちさせる。水溶き片栗粉で固めに留め、冷ます。

❺②に塩をし、みじん切りのねぎを加えた後、2等分してきのこを包む。

❻⑤のまんじゅうに水溶き小麦粉(分量外)を塗り、①をすり鉢で粗く砕いてまぶす。

❼170℃の油で米が色づくまで揚げる。

❽Bを煮立たせ、水溶き片栗粉でとろみをつけたあんをかけ、白髪ねぎをのせる。

*1　白髪ねぎの作り方…ねぎを縦2等分に切り、芯を抜いた後、繊維の方向に細く千切りし水に放つ。手でぬめりを揉みだし、水を替えてさらす。

*2　しめじ、しいたけなど、どんなきのこをつかってもよい。

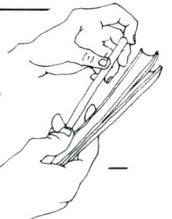

A 3

Kiriboshi-Daikon's Mustard Salad

切り干し大根のマスタードサラダ

[材料(2人分)]

切り干し大根　20g
玉ねぎ　1/8個(25g)
赤キャベツ　1枚(15g)
にんじん　3㎝(20g)
きゅうり　1/3本(30g)
マヨネーズ　大さじ1 *1
粒マスタード　適量
A
　醤油　小さじ2
　酢　大さじ1 1/2

[作り方]

❶切り干し大根を洗ってから湯通しし、ザルにあげてAをふりかけ、冷ましておく。*2

❷玉ねぎを薄切りに、赤キャベツ・にんじんはせん切り、きゅうりは縦2等分して、斜め薄切りにする。すべてをボウルに入れ、塩小さじ1/2を入れて混ぜる。

❸①②の材料をあわせ、塩・胡椒少々とマヨネーズ、粒マスタードで味を整える。

---

*1　マヨネーズの代わりに、好みのオイルを使ってもよい。

*2　ザルにあげるときは、水分を切りすぎないこと。

A4

Black Sesame Tofu

黒ごま豆腐

[材料(4個分)]

黒練りごま　30g *1
葛粉　30g
A
　白味噌　大さじ1
　砂糖　小さじ2
　みりん　大さじ1

[作り方]

❶ 練りごま、水225cc、葛粉、塩ひとつまみを鍋に入れてよく混ぜあわせ、木べらでかき混ぜながら中火にかける。*2

❷ 煮立って鍋肌から固まってきたら、弱火に落とし、力を入れて、底からよく混ぜる。

❸ 中を水で濡らした小さい流し缶、またはオーブンシートを敷いた容器(10cm×13cmが目安)にあけ、容器ごと氷水で冷ます。

❹ 固まったごま豆腐を切り分け、Aを混ぜあわせた甘味噌をのせる。

*1 白練りごまを使う場合は、合わせ味噌をつかうとおいしい。

*2 木べらですくう三角形にたれ落ちるくらいの固さになるまで練る。

A 5

Chinese Celery Pickle

セロリの中華風ピクルス

[材料(2人分)]

セロリ(茎の部分)
 ½本(60g)
A
 醤油　小さじ1
 酢　小さじ1
 豆板醤　少々
 ごま油　小さじ½

[作り方]

❶セロリを厚さ0.5cmの斜め切りにする。
❷Aとセロリをビニール袋に入れ、よくふり混ぜてから、空気を抜くように口を留める。
❸味がなじむまで最低30分常温で置く。

Roca's Recipe Note

Recipe Note

B いわしとピーマンの オーブン焼き定食

1. いわしとピーマンのオーブン焼き
2. ゆで鶏のごまだれ
3. なすときゅうりとセロリのマリネ
4. かぼちゃの寒天寄せ
5. 冬瓜のヨーグルト味噌漬け

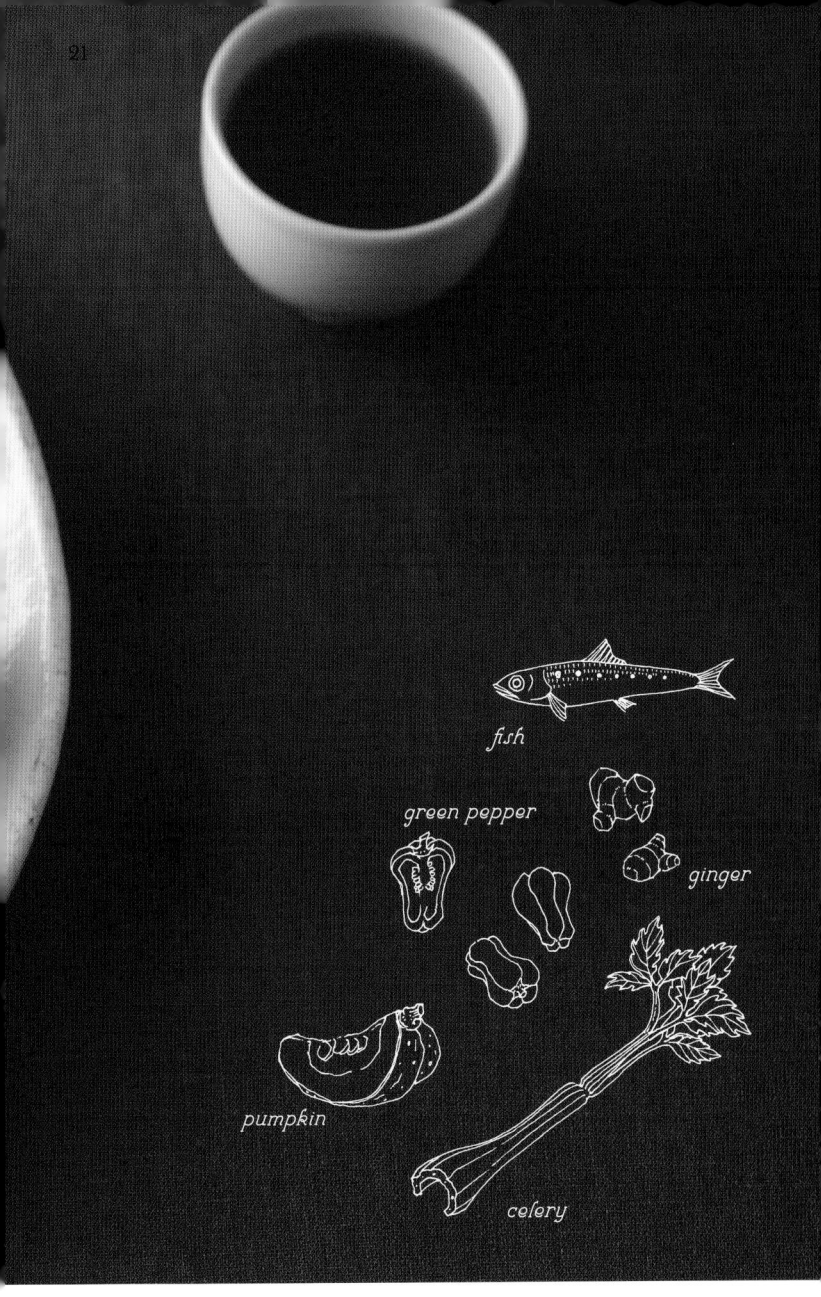

「暑い季節にサッパリ食べられるものを」、とイメージした定食です。ただし滋養がつくように、味が濃く食べ応えもあるいわしをつかいました。焼き上げた後にトマトソースを添えれば、見栄えの良いメインディッシュに変身します。味に変化をつけたいとき、ロカではセロリをよくつかいます。香りの強い野菜をつかうことで、調味料だけでは出せない味のメリハリが生まれるのです。

B 1

Roasted Sardine with Green Pepper
いわしとピーマンのオーブン焼き

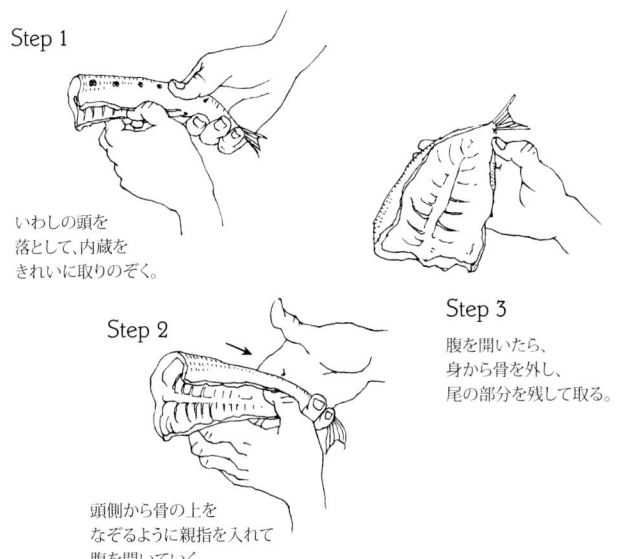

Step 1

いわしの頭を落として、内蔵をきれいに取りのぞく。

Step 2

頭側から骨の上をなぞるように親指を入れて腹を開いていく。

Step 3

腹を開いたら、身から骨を外し、尾の部分を残して取る。

[材料(2人分)]

いわし(中くらい)　4尾
ピーマン　2個(60g) [*1]
玉ねぎ　¼個(50g)

A
塩　小さじ¼
牛乳　小さじ1
胡椒　少々

B
パン粉　大さじ2
パセリ　小さじ2
おろしにんにく　½かけ
粉チーズ　大さじ½
オリーブオイル　大さじ½

[作り方]

❶いわしを尾を付けたまま腹開きにし(図)、Aに漬けておく。

❷ピーマンはへたと種を取って細切り、玉ねぎは薄切りにする。

❸玉ねぎをオリーブオイルで炒め、しんなりしたらピーマンを加え、塩小さじ⅛、胡椒少々をふり、全体がまとまるまで弱火で炒める。[*2]

❹冷ました③をいわしにのせ、尾をかぶせるようにくるむ。

❺パセリをみじん切りしBを混ぜ、④にかける。200℃のオーブンで約10分焼く。[*3]

❻トマトソース(→P51)を添える。

[*1] 赤と緑を取り混ぜると彩りがよい。

[*2] 水分が飛び、焦げそうならば少し水を足す。

[*3] オーブントースターで焼く場合は10〜15分ほど。

B 2

Boiled Chicken with Sesame Sauce

ゆで鶏のごまだれ

[材料(2人分)]

鶏むね肉　1枚

A
- ねぎ(みじん切り)
　5cm(10g) *1
- おろししょうが　½かけ
- 白練りごま　大さじ1
- 白すりごま　大さじ1
- 砂糖　大さじ1
- 醤油　大さじ1½
- 酢　小さじ1
- 豆板醤　少々

[作り方]

❶鍋に鶏肉がかぶるくらいの水、ねぎの青い部分、生姜の皮(いずれも分量外)を入れ、火にかける。

❷煮立ったら、縦に2等分した鶏肉を入れ、弱火で2〜3分茹で、そのまま冷ます。

❸Aを混ぜ、ごまだれを作る。肉の茹で汁で好みの固さにのばす。

---

*1 ねぎは白い部分を使うこと。

・冷麺の具につかってもおいしい。

・大根やにんじんの千切りを添えるとバランスアップ。

B3

Eggplant, Cucumber and Celery Marinade Salad

なすときゅうり、セロリのマリネサラダ

[材料(2人分)]

なす　1本(120g)
きゅうり　1本(90g)
セロリ　1/4本(30g)
青じそ　少々 *1
玉ねぎ　1/8個(25g)
にんにく　1かけ
A
　酢　大さじ2
　胡椒　少々
ローリエ　1枚

[作り方]

❶なす、きゅうりを乱切り、セロリと玉ねぎは薄切り、青じそは千切りにする。

❷きゅうり、セロリ、玉ねぎをボウルに入れ、塩小さじ1/2をふっておく。

❸みじん切りしたにんにくを多めの油で弱火で炒め、香りが出たらなすを入れ、塩小さじ1/4で調味する。

❹③が熱いうちにAと一緒に②に入れ、味をなじませる。

❺食べる前に青じそを加える。

*1 バジルをつかってもよい。

・茹でたこ、炒めたえびや、いかを加えてもおいしい。

B4

Pumpkin Jelly
かぼちゃの寒天寄せ

[材料(2人分)]

かぼちゃ　1/8個(120g)
砂糖　大さじ2
粉寒天　小さじ1/4
A
　きなこ　小さじ1
　砂糖　小さじ1/2
　塩　ふたつまみ

[作り方]

❶かぼちゃはひとくち大に切ってから茹で、皮をむき、実の部分は裏ごしする。

❷水50ccに粉寒天と砂糖を溶かし、火にかけ沸騰してから1、2分弱火で煮る。*1

❸かぼちゃと塩ふたつまみを加え、オーブンシートを敷いた小さめのバットに流し、あら熱がとれてから冷蔵庫で冷やし固める。*2

❹かぼちゃの皮をすり鉢でよくすり、Aを加えとろりとするまで、水大さじ1でのばす。

❺切り分けた③に④をかける。

*1　水の代わりに昆布だしをつかうと風味が増す。

*2　バットに流す前に味見し、かぼちゃの甘みが足りなければ砂糖を加える。

B 5

Pickled Wax Gourd in Miso
冬瓜のヨーグルト味噌漬け

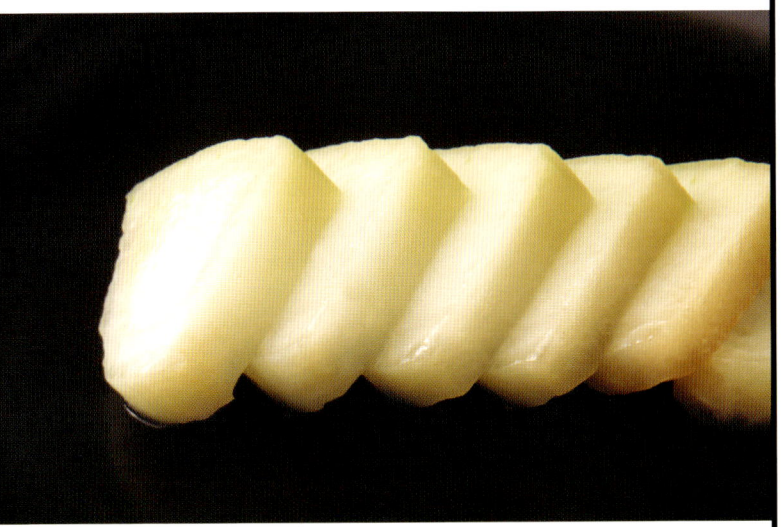

[材料(2人分)]

冬瓜　1/16個
　（皮を除いて180g）*1
A
　無糖ヨーグルト　大さじ1
　味噌　大さじ1

[**作り方**]

❶冬瓜は種を取り、皮をむく。

❷適当な大きさに切り分ける。

❸Aを混ぜたものに、ひと晩漬け込む。

---

*1　冬瓜の代わりに、きゅうりやうりをつかってもおいしい。

Roca's Recipe Note

Recipe Note

C 高野豆腐となすの旨煮定食

3 ― 春菊と白菜のピリ辛サラダ

2 ― 〆あじとかぶの柚子マリネ

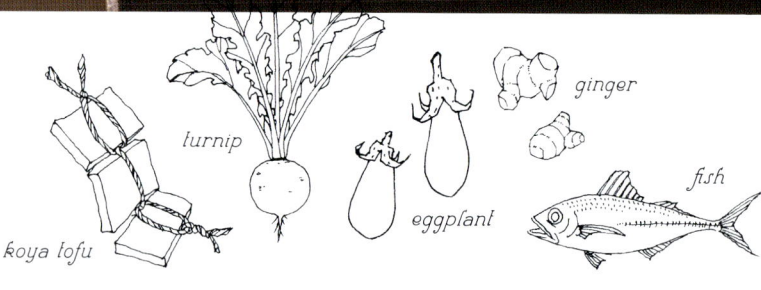

koya tofu

turnip

eggplant

ginger

fish

4 さつまいもの
ピーナツ味噌和え

5 だしがらの
昆布の佃煮

1 高野豆腐と
なすの旨煮

高野豆腐をソテーしたり、白菜をサラダにつかったり、さつまいもを和えたり。
「こんな食べ方があるんだ」と素材の新しい面が見えてくる調理法をつかった
定食です。お魚は、鮮度の良いものが手に入るとは限りません。そんな時は酢
でしめて食べる方法を知っておくと便利。今回使ったあじに限らず、余ったお
刺身はこういうふうに少し工夫するだけで、おいしくいただけるんです。

C1

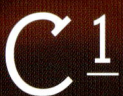

Stewed Koya Tofu and Eggplant

高野豆腐となすの旨煮

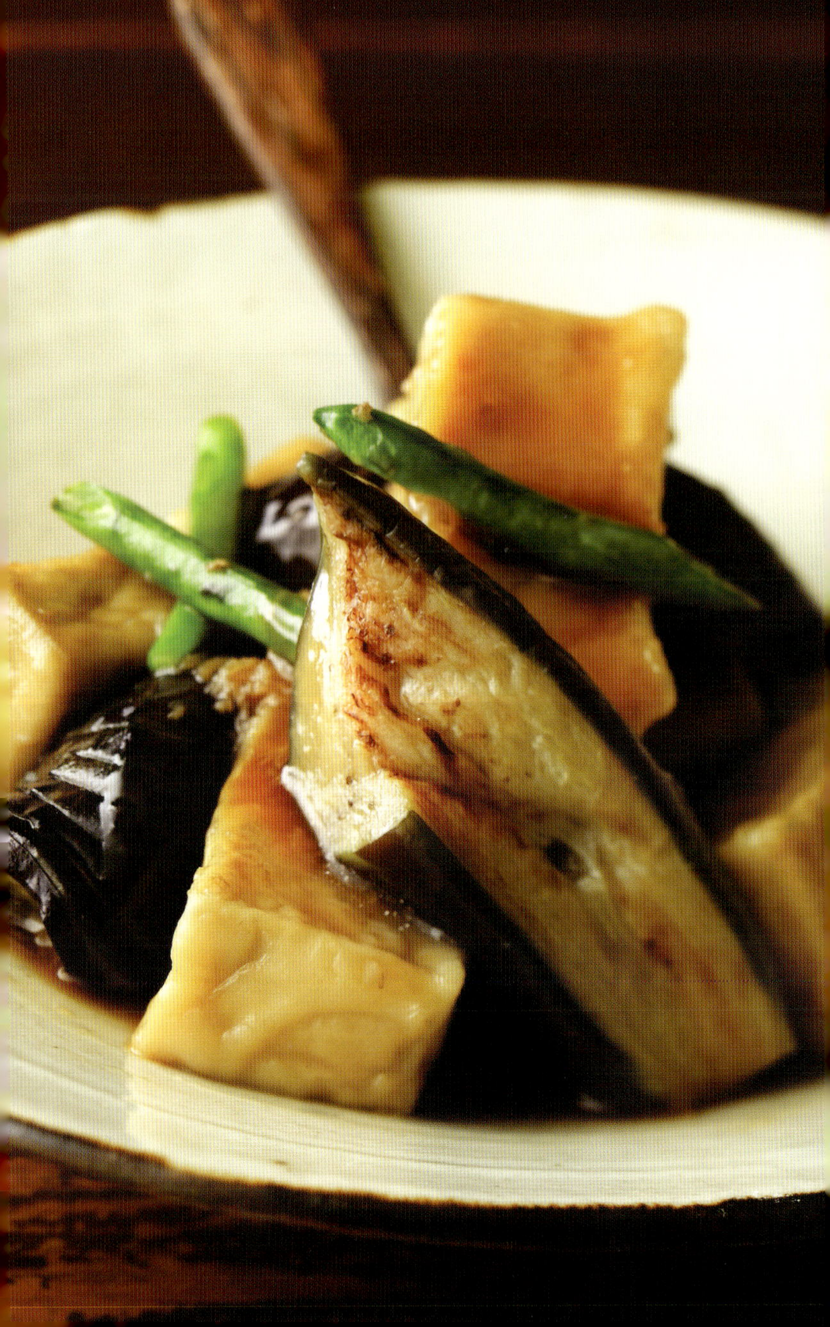

Step 1

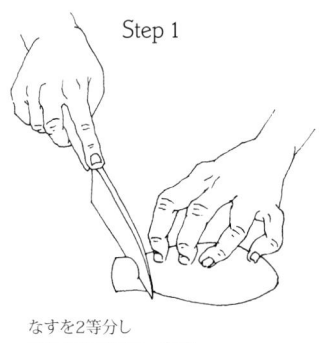

なすを2等分し切れ目を下に0.5cm幅の切り込みを入れる。

Step 2

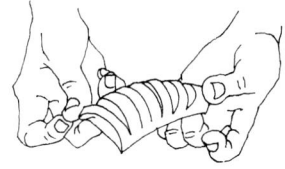

下まで切り込まないよう注意。下部分⅓ほど残しておく。

[**材料**(2人分)]

高野豆腐　2枚
なす　1½本(180g)
さやいんげん　適量
醤油　小さじ½
小麦粉　大さじ1
片栗粉　少々
A
　だし　150cc
　醤油　大さじ1
　みりん　大さじ1
　酒　大さじ1
　おろし生姜　少々

[**作り方**]

❶なすのへたを取り、たて半分に切り、切り込みを入れ(図)、それを半分に切り塩水に浸ける。

❷高野豆腐は水150ccと醤油、塩小さじ½をあわせたものに漬けて戻す。芯まで戻ったら水分を絞り、3等分に切る。

❸②に小麦粉をうすくまぶしつけ、なすと一緒に軽く焦げ目がつくまでフライパンで焼く。

❹Aを加え、ひと煮立ちしたら水溶き片栗粉でとろみをつけ、煮からめる。

❺さっと茹でたいんげんを半分に切り、④に添える。

C2

Bluefish and Turnip Marinade

〆あじとかぶの柚子マリネ

[材料(2人分)]

あじ(刺身用)　半身(60g) *1
かぶ　1/2個(70g) *2
酢　大さじ1/2
昆布　1かけ
柚子の皮　少々
A
　柚子果汁　1/2個分 *3
　砂糖　小さじ1

[作り方]

❶あじに塩小さじ1/2をして20分ほど置き、洗い流し水気を拭き、酢と昆布に20分漬ける。
❷かぶは薄い半月切りにし、塩小さじ1/4をふり混ぜ、しんなりさせる。
❸皮をむき、骨を抜いたあじをそぎ切りにし、水分を絞ったかぶとAで和え、仕上げに柚子皮の千切りを散らす。

*1 あじ以外の魚でもよい。余った刺身を塩を入れた酢にからめておき、翌日に和える。

*2 かぶの代わりに大根や白菜をつかってもおいしい。

*3 柚子などの柑橘類がない場合は酢小さじ1で和える。

C³

Chinese Cabbage and Harusame's Spicy Salad

春雨と白菜のピリ辛サラダ

[材料(2人分)]

春雨　25g *1
白菜　½枚(50g)
水菜　少々
玉ねぎ　⅛個(25g)
A
　砂糖　小さじ1
　醤油　大さじ½
　酢　大さじ1

[作り方]

❶春雨を固めに茹で、ザルにあげ水気を切り、Aを入れたボウルに熱いうちに浸し、そのまま冷ます。

❷0.5cm幅に切った白菜、3cmの長さに切った水菜、薄切りにした玉ねぎをボウルに入れ、塩をひとつまみふる。

❸②の水気を絞り①と合わせ、ドレッシング(メモ)を加え混ぜる。

【ドレッシング】砂糖小さじ½、醤油小さじ1、酢大さじ½、ごま油大さじ½、豆板醤少々を混ぜる。

*1 春雨が長いようなら、はさみなどで切っておく。

C4

Sweet Potato with Peanut Miso

さつまいものピーナツ味噌和え

[材料(2人分)]

さつまいも 1本(200g)
無塩ピーナツ 25g *1
A
　味噌　大さじ1 *2
　砂糖　小さじ2
　みりん　小さじ2

[作り方]

❶さつまいもは1.5cm角に切り、煮崩さないように皮付きのまま塩茹でする。*3
❷ピーナツはすり鉢で砕くか、包丁で刻む。
❸砕いたピーナツ、Aをボウルで混ぜ、さつまいもを和える。

*1 塩味付きピーナツの場合は味噌の量を小さじ2に。

*2 味噌の種類により塩の量を加減すること。

*3 いもを煮崩さないためには、お湯を沸きたたせず弱火で静かに茹でること。

C5

Boiled Seaweed with Soy Sauce
だしがら昆布の佃煮

[材料(2人分)]

昆布(だしをとった後のもの)
　200g *1

みりん　小さじ2

A
　｜砂糖　50g
　｜醤油　75cc

[作り方]

❶昆布を1.5〜2cm角に切り、たっぷりの水で柔らかくなるまで弱火で煮る(1時間ほど)。

❷Aを加えて強火にし、底からかき混ぜながら、一気に煮詰める。

❸水分がなくなったら、仕上げにみりんを加えて火を止める。

*1 だしをとった後の昆布は、冷凍保存可。常にストックしておこう。

・仕上げに実山椒の塩漬けを入れるとおいしい。

・約2週間冷蔵保存できる。

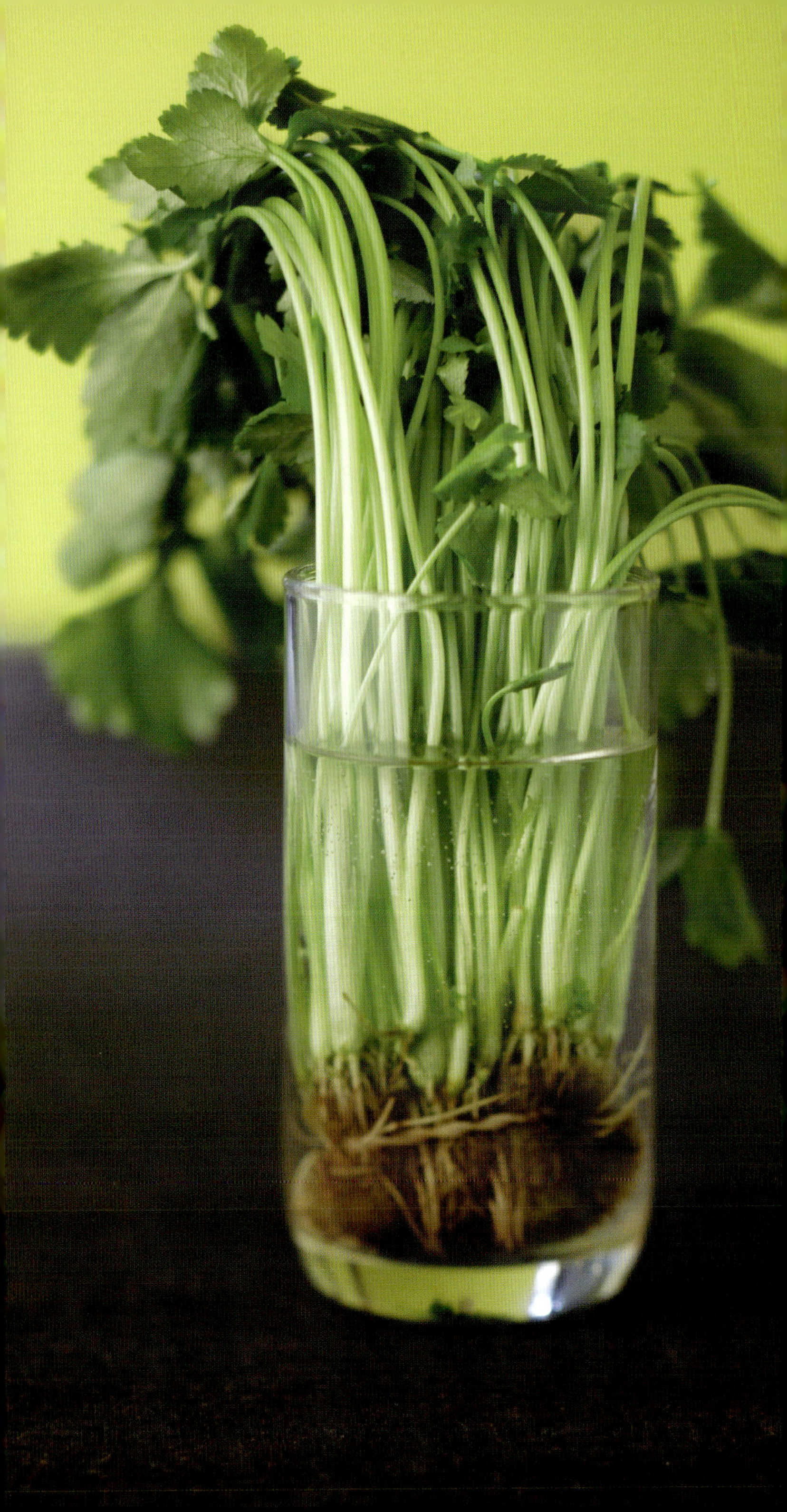

Roea's Recipe Note

40

4
—
大根皮と
ひじきの酢の物

3
—
れんこんと
豆のサラダ

1
—
大根葉の
揚げ春巻き

daikon

onion

garlic

yam

lotus root

5
水菜の
ピリ辛漬け

2
つくねと
大根の煮物

Recipe Note

D 大根葉の
揚げ春巻き定食

大根は、煮て・炒めて・生で…といろんな料理につかえるうえに、値段が安くて量も栄養もあり、捨てるところがない、まさに万能の野菜です。今回は、皮から葉っぱまで、大根をすべてつかい切る定食。ですから調理するときは、葉や皮を捨てないよう注意してください。大根を選ぶときは、根っこ付近のポチポチしたくぼみが縦一直線に並んでいるものを選ぶとよいでしょう。

D $\underline{1}$

Daikon Leaf's Spring Roll
大根葉の揚げ春巻き

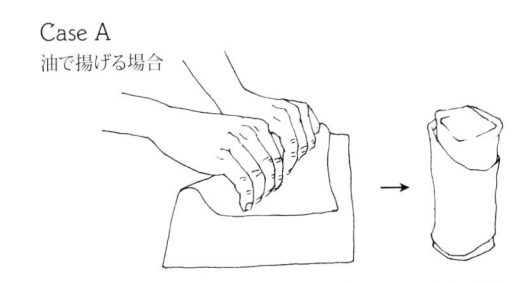

Case A
油で揚げる場合

すき間を作らないように、ぴったりと円筒状に巻く。

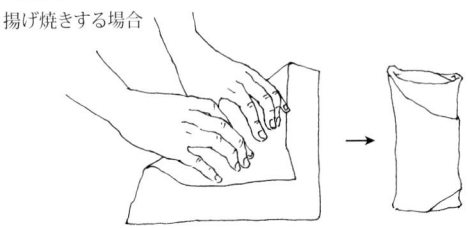

Case B
揚げ焼きする場合

厚みが均等になるように、押しながら平たく包む。

[**材料**(4本分)]

豚ひき肉　100g
ねぎ　½本(40g)
大根葉　100g
春雨　15g
春巻きの皮　4枚
にんにく　½かけ
ごま油　適量
胡椒　少々
小麦粉　適量
A
　醤油　大さじ1
　酒　大さじ1
　オイスターソース
　　小さじ2 *1

[作り方]

❶大根葉をさっと塩茹でし、1cm幅に刻む。にんにく、ねぎはみじん切り。

❷ごま油をひいた鍋に、ねぎとにんにくを入れ香りを出すように弱火で炒める。豚ひき肉を加え、色が変わったら大根葉とAを加える。

❸水50ccと、5cmの長さに切った春雨をそのまま加え、汁気を吸わせるように炒める。

❹水溶き片栗粉で全体がポテッとするくらい固めに留め、胡椒をふる。

❺④が完全に冷めたら春巻きの皮で包み(図)、水溶き小麦粉で巻き端を閉じる。*2

❻170℃の油で揚げるか、フライパンに多めの油を入れて揚げ焼きにする。

---

*1　オイスターソースがなければ、醤油を大さじ1½に増やす。

*2　急ぐときはフライパンの底を氷水に浸して冷ます。

・春巻は、揚げる前の状態ならば冷凍保存できる。

D2

Stewed Tsukune with Daikon

つくねと大根の煮物

[材料(2人分)]

- 鶏ひき肉　200g
- ねぎ　1/2本(40g)
- 大根　1/3本(400g)
- 長いも　1かけ(15g)
- 卵　1/2個
- 生姜　1/2かけ
- 味噌　小さじ2
- 片栗粉　小さじ2
- 昆布　5cm
- 醤油　大さじ1
- 酒　小さじ5

[作り方]

❶ 大根の皮を厚めにむき(→P46メモ欄参照)、縦半分に切り、3cm幅の半月切りにして下茹で。*1

❷ 鶏ひき肉、みじん切りしたねぎ、おろした長いもと生姜、卵と味噌、片栗粉、酒各小さじ2をボウルでよく混ぜる。

❸ 鍋に水600ccと昆布を入れ強火にかけ、沸いたら昆布を除き、丸に取った②を茹で、浮いてきたアクをとる。

❹ ③に醤油・酒大さじ1、塩小さじ1/2を入れ茹でた大根を加えて5〜10分ほど煮て、火を止めて味を含ませる。*2

*1 米のとぎ汁で湯がく。なければ塩茹で。

*2 仕上げに柚子の皮をおろし散らすとおいしい。

つくねはタネを絞り出すように成形する。

D3

Lotus Root and Bean Salad

れんこんと豆のサラダ

[材料(2人分)]

れんこん　5cm(50g)
水煮豆　50g *1
玉ねぎ　1/8個(25g)
にんにく　1/2かけ
三つ葉　1/4束(15g)
A
　オリーブオイル　大さじ1/2
　醤油　大さじ1/2
　酢　大さじ1
　胡椒　少々

[作り方]

❶れんこんを1cm角のさいころ状に切り、塩、酢を加えた水(1ℓに対し各小さじ1)で、透明感が出るまで茹で、ザルにあげて冷ます。
❷玉ねぎをみじん切りにし、塩もみしておく。
❸三つ葉を2cmの長さに切り、水煮豆、塩もみした玉ねぎ、おろしにんにく、①をAで和える。

*1 大豆、小豆、金時豆など、どんな豆でもOK。数種とり混ぜると見た目もよい。

D4

Daikon Peel and Hijiki Vinegar Salad

大根皮とひじきの酢の物

[材料(2人分)]

大根の皮　⅓本分
ひじき　10g
うす揚げ　½枚(40g)
ごま　適量
醤油　小さじ2
A
　砂糖　大さじ1
　酢　大さじ2 *1

[作り方]

❶大根の皮は長さ3cm、幅0.5cmに刻み、ボウルに入れ塩もみしておく。

❷ひじきを洗ってから水で戻してザルにあげ、フライパンで水気がなくなるまで炒る。火を止めてから醤油をふり混ぜ、冷ます。

❸フライパンでうす揚げの両面を焼き、キッチンペーパーで油を吸わせる。冷めたら縦に2等分し1cm幅に刻む。

❹①のボウルに②と③を入れ、Aとごまを加え、混ぜる。

*1 酢の半量を柑橘の果汁にすると、風味が増しておいしい。

・炒って味をつけたひじきは、日持ちがするうえ応用がきく。

大根の皮は点線の深さまでむく。

D5

Spicy Leafy Green Pickle

水菜のピリ辛漬け

[材料(2人分)]

水菜　½袋(120g) *1
A
　昆布　1かけ
　醤油　小さじ2
　みりん　小さじ½
　七味唐辛子　少々

[作り方]

❶水菜を3cmの長さに切り、Aと一緒にビニール袋に入れ、よくふり混ぜる。

❷空気を抜くように口を留め、味がなじむまで30分ほど置く。急ぐときはもみ込む。

---

*1　葉野菜ならば何でも代用できる。

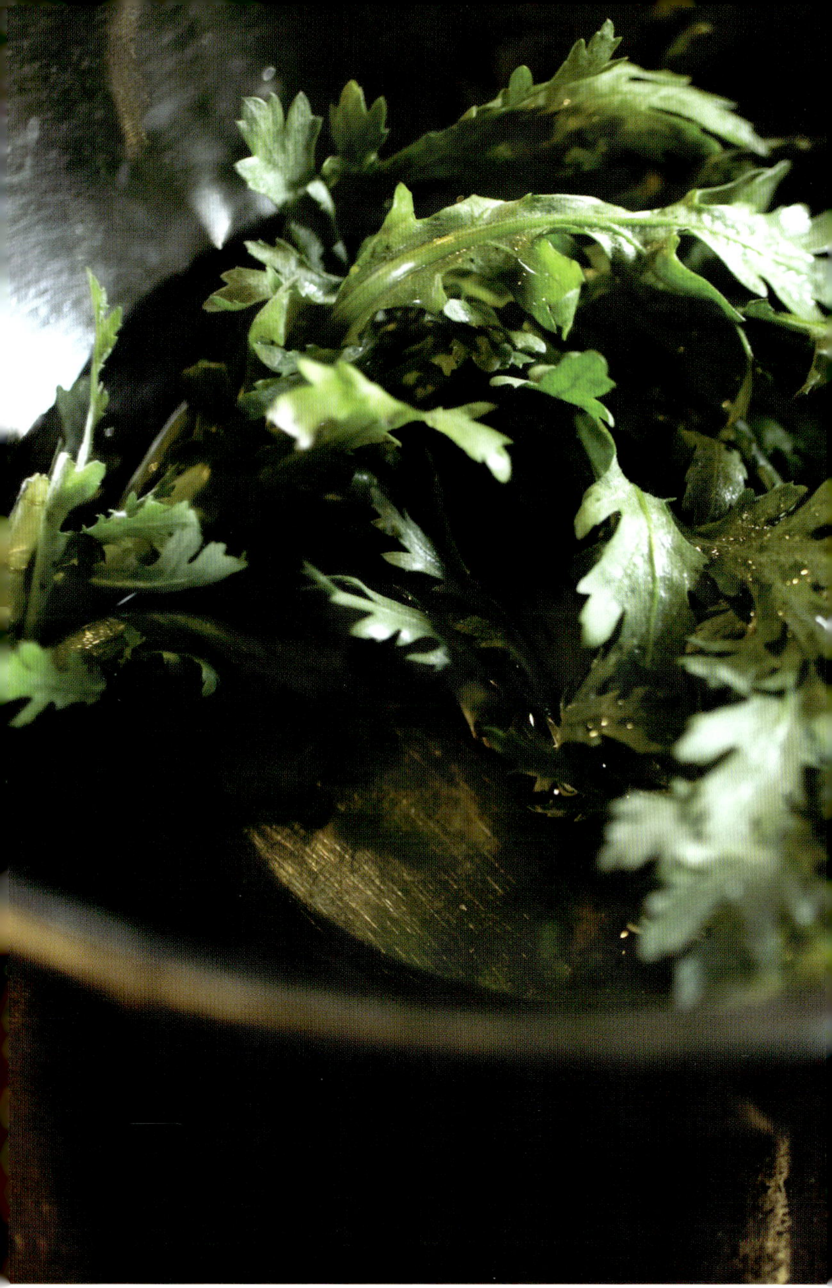

Roca's Recipe Note

ロカのマヨネーズ

[材料]

卵黄1個分、塩小さじ1/2、酢大さじ2、胡椒少々、
マスタード(好みで)小さじ1、油180〜200cc

非金属製のボウルに卵黄を入れ、塩、酢、胡椒、
マスタードを加え混ぜる。油を最初の50ccは数
滴ずつ加えながら泡立て器で攪拌し、徐々に油
量を増やしつつクリーム状になるまで混ぜる。

Making sauce

ロカのソース

ロカのおかずにぴったり合う！
定食にアクセントをつける特製ソースの作り方。

ロカのトマトソース

[材料]

玉ねぎ¼個、にんにく1かけ、トマト水煮缶1缶、塩少々、胡椒少々、ローリエ1枚

鍋で油を熱し、みじん切りにしたにんにく、玉ねぎを弱火で炒める。玉ねぎが透き通った状態になったらトマトとローリエを加え、さっとひと煮立ちさせ、塩・胡椒で調味する。

Roca's Recipe Note

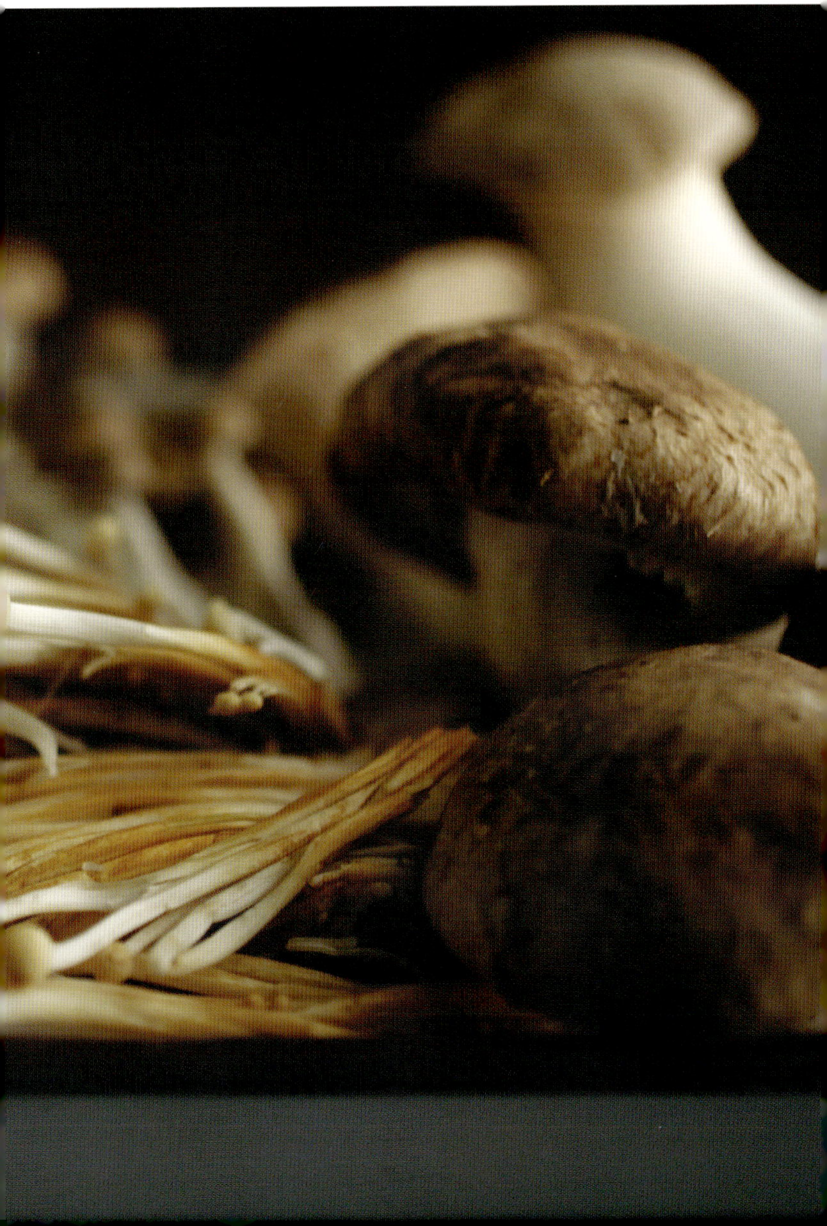

Recipe Note

E ローストポーク定食

4
ほうれん草と
里いものごま和え

3
春菊とちりめんじゃこの
マカロニサラダ

2
れんこんの
落とし揚げ

lotus root

spinach

broccoli

pork

5

きのこ味噌

1

ローストポーク

わたしがお惣菜屋さんで培（つちか）った知恵を集めて作った「つかい回ししやすい」おかずの定食です。下ごしらえの手間は同じだから、多めに作りストックしておくと、翌日以降も何かとつかえて便利、毎日の料理が楽になります。ローストポークは炒飯などにぴったり。れんこんの落とし揚げは、煮物や炒め物、酢豚の具としてつかってもすごくおいしい！　揚げた状態で冷凍保存もできるんです。

E.1

Roast Pork

ローストポーク

調味料は先に
ボウルで混ぜておくと
味にムラがでない。

[材料(2人分)]

豚ロースのブロック　350g *1
粒マスタード　少々
片栗粉　少々
A
　おろし玉ねぎ　1/6個分
　おろしにんにく　1かけ分
　醤油　小さじ1
　酢　小さじ2
　白ワイン　小さじ2 *2
　セロリの葉　少々
　ローリエ　1枚
　黒胡椒　少々
　オリーブオイル　小さじ2
B
　砂糖　ひとつまみ
　醤油　大さじ1/2
　酢　大さじ1

[作り方]

❶Aを入れたビニール袋に、塩小さじ1をすり込んだ肉を入れて口を留め、半日～ひと晩冷蔵庫で漬け込む。

❷焼く30分～1時間前に冷蔵庫から取り出し、肉を室温に戻す。

❸200℃のオーブンで30～35分ほど焼く。途中刷毛で肉汁を塗り、竹串を刺して焼き加減をチェック。肉汁が透明になってきたら扉を少し開け、オーブンの中で冷ます。

❹袋に残ったAと天板の肉汁、Bを小鍋で煮立たせ、キッチンペーパーでこす。そこに粒マスタードを加え再び火にかけ、水溶き片栗粉で軽くとろみをつけてソースにする。

❺③のあら熱がとれたら、切り分けて④のソースをかける。

---

*1 もも肉を使ってもよい。

*2 日本酒で代用してもよい。

E2

Deep-Fried Lotus Root
れんこんの落とし揚げ

[**材料**(2人分)]

れんこん　½本(130g)
ねぎ　10cm(20g)
むきえび　小8尾(50g)
卵　½個
小麦粉　大さじ2

[作り方]

❶れんこんを鬼おろしなどの目の粗いおろし金ですりおろす。水分が多ければ少し絞る。*1
❷ねぎをみじん切り、むきえびは粗く刻む。
❸①と②、卵、小麦粉、塩小さじ⅓をボウルに入れさっくり混ぜ、スプーンですくい、中温の油に落として色づくまで揚げる。
❹熱いうちに、好みで塩をぱらりとふりかけ、レモン、すだちなどを添える。

*1 鬼おろしがなければフードプロセッサーにかけるか、半量をおろし金でおろし、半量を包丁でみじん切りにする。

・揚げた状態で冷凍保存できる。おでんや煮物の具にも。

E3

Shungiku, Jako and Macaroni Salad

春菊とちりめんじゃこのマカロニサラダ

[材料(2人分)]

春菊　½束(20g)
ちりめんじゃこ　10g
マカロニ　50g
かつお節　3g
赤玉ねぎ　少々 *1
A
　醤油　大さじ1
　酒　大さじ1
B
　マヨネーズ　大さじ2
　酢　大さじ2

[作り方]

❶春菊を洗い、手でちぎっておく。
❷マカロニは、表示時間どおりに塩茹でし、ざるにあげる。
❸ちりめんじゃこをフライパンで弱火で炒る。A、かつお節を入れてさっと混ぜ、火を止める。
❹赤玉ねぎは薄切りにして、塩もみした後、水にさらしておく。
❺水気を絞った玉ねぎとマカロニをBで和え、ちりめんじゃこ、春菊を加え、ざっくり混ぜる。

*1 普通の玉ねぎでもよい。

どんな酢を使ってもよいが

ロカでは米酢を使用。

E4

Spinach and Taro Dressed with Sesame Dressing
ほうれん草と里いものごま和え

[材料(2人分)]

ほうれん草　½束(100g)
里いも　1個(60g)
こんにゃく　⅛枚(40g)
すりごま　大さじ1½
砂糖　ひとつまみ
醤油　大さじ½
A
　だし　75cc
　砂糖　大さじ½
　醤油　小さじ1
　酒　大さじ½

[作り方]

❶こんにゃくを0.5cm幅の短冊切りにし、塩もみして茹で、ザルにあげて冷ます。
❷里いもは皮をむいていちょう切りにする。
❸Aと塩少々を鍋に入れ、里いもとこんにゃくを煮る。
❹ほうれん草を茹でて水にとり、よく絞って3cmの長さに切る。
❺すりごま、砂糖、醤油を混ぜ、ほうれん草と和える。汁気を切った里いも、こんにゃくを入れて味をなじませる。

E5

Mushroom Miso

きのこ味噌

[材料(2人分)]

きのこ　250g *1
酒　少々
味噌　100g
砂糖　大さじ1½

[作り方]

❶きのこは食べやすい大きさに切り分ける。
❷①と酒を鍋に入れ、火にかける。
❸きのこがしんなりしたら鍋のわきによせ、味噌を入れる。
❹味噌の裏表を焼くようにしながらきのこと混ぜ、好みで砂糖を加えて混ぜる。

*1 きのこは、とり混ぜても1種類でもよい。

・味噌は、魚や豆腐にのせたり、とんかつに添えたり。茹でたじゃがいもと和えてもおいしい。

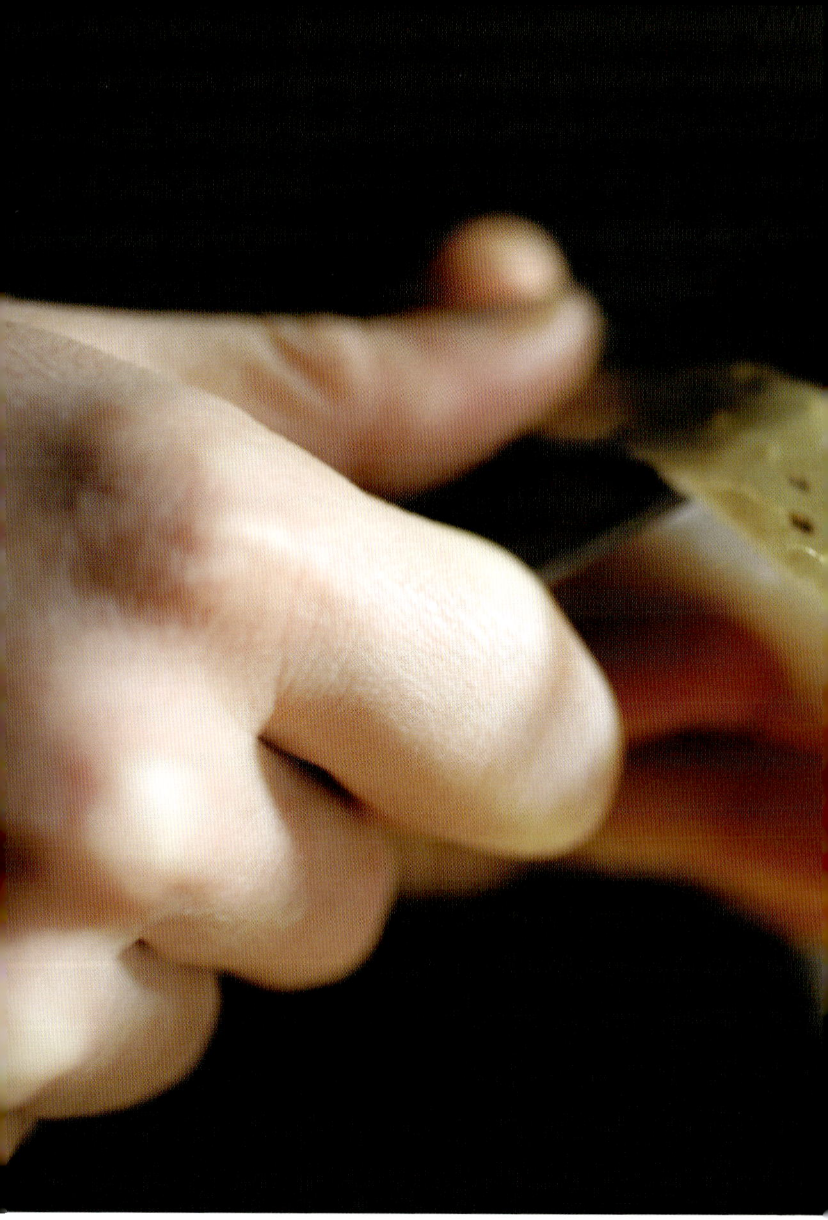

Roca's Recipe Note

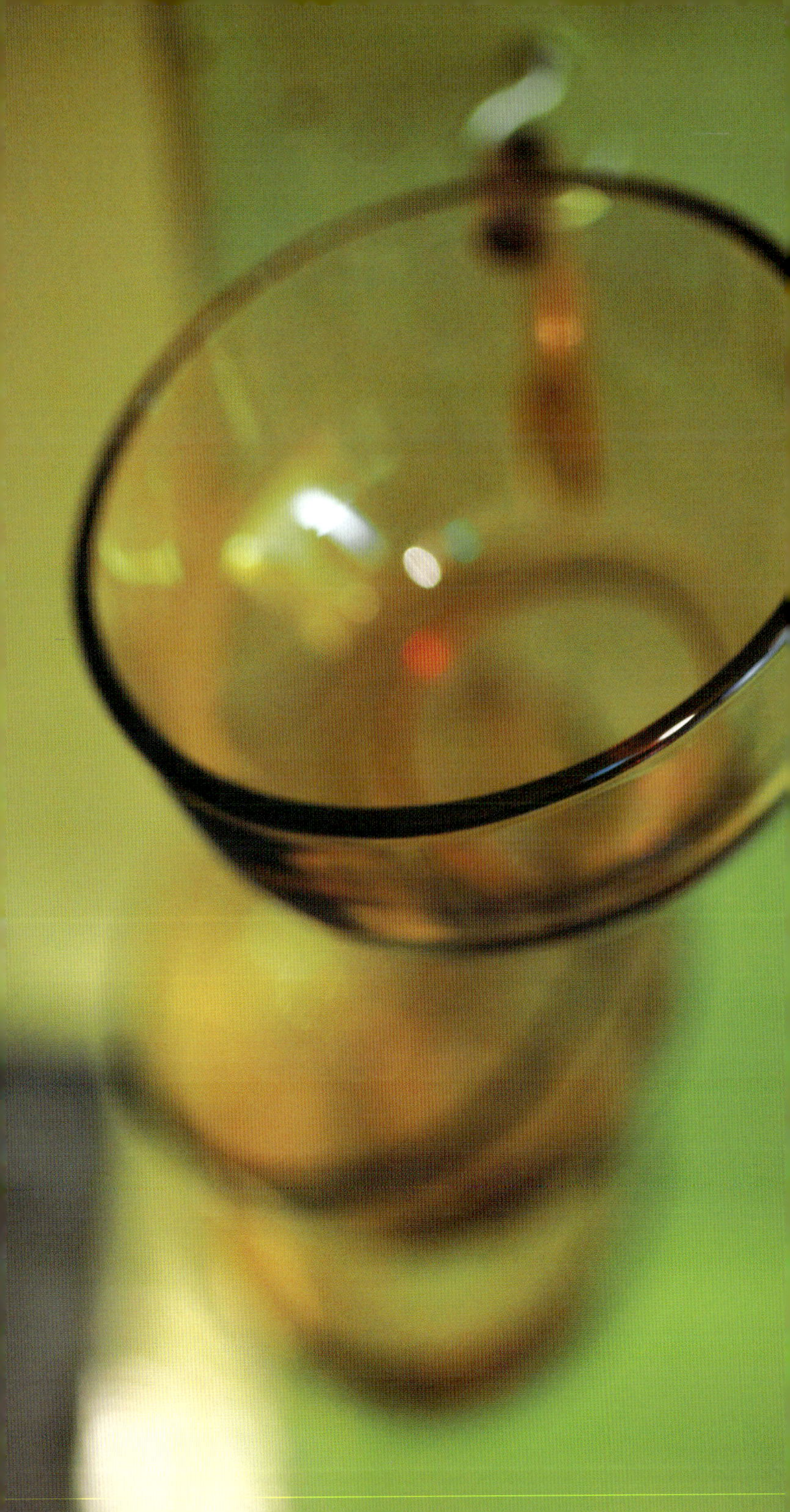

Roca's Recipe Note

3

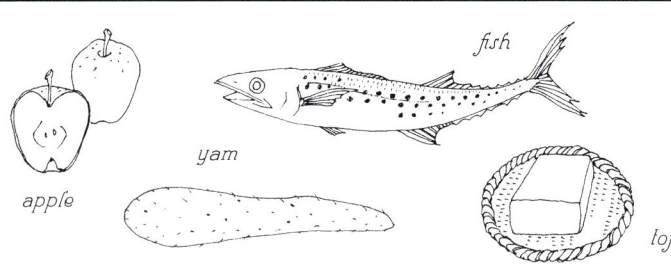

キャベツとりんごの
ごまサラダ

Recipe Note

F さわらと豆腐の
ホイル蒸し定食

fish

apple yam tofu

4
セロリの五目きんぴら

5
なすの辛子醤油漬け

1
さわらと豆腐のホイル蒸し

2
長いもの豚肉巻き

焼く・煮る以外においしく魚をいただく調理法が「ホイル蒸し」。豆腐と一緒に蒸すと食べ応えもアップ。調理・後片付けが簡単だから、魚料理は面倒と敬遠する人でも気軽に作ることができます。りんごなど、果物の甘みや酸味をおかずにとり入れると味に変化がつきます。「豚肉巻き」は、長いもの代わりに大根やふき、豆腐を巻いてもおいしい。海苔をはさむのが巻きやすさのポイント。

F 1

Foil Steamed Spanish Mackerel and Tofu
さわらと豆腐のホイル蒸し

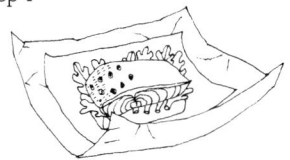

Step 1
アルミホイルの上にオーブンシートを敷き、具材をのせる。

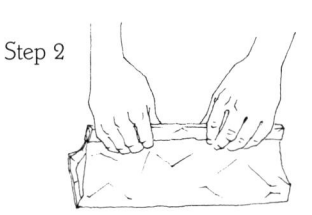

Step 2
両端を持ち上げ、上部分を揃えてきゅっと2回、内側に折り曲げる。

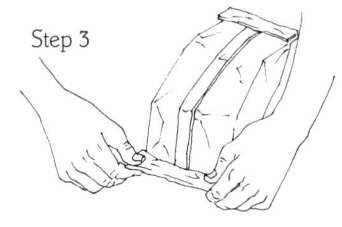

Step 3
両端をそれぞれ2回ずつ内側に折る。空気がもれないように。

Step 4
完成! このままオーブンかトースターに入れて焼く。

[**材料**(2人分)]

さわら　1切れ(80g) *1

絹ごし豆腐　半丁(150g)

春菊　少々

かいわれ大根　適量

片栗粉　少々

A
| 醤油　小さじ1
| 酒　小さじ1

[**作り方**]

❶豆腐を半分に切り、キッチンペーパーで水気をふき取る。

❷さわらの骨を取って半分に切り、皮目に切り込みを入れ、Aをふりかけておく。

❸アルミホイルにオーブンシートを敷き、豆腐をのせ、茶こしで片栗粉をふる。上に春菊を敷き、さらに片栗粉をふり、さわらをのせる。

❹ホイルで包み(図)、200℃のオーブンで20分焼く。焼きあがりの目安は、ホイルを開き、上から竹串を刺し、春菊にひっかからずにスッと竹串が通る状態。

❺あん(メモ)を作りさわらにかけ、かいわれ大根をたっぷりのせる。

【あん】だし汁75cc、醤油大さじ1/2、みりん大さじ1/2、酒大さじ1/2、塩ひとつまみを鍋でひと煮立ちさせ、水溶き片栗粉でとろみをつける。

*1 他の白身魚でも代用できる。身の薄い魚がつかいやすい。

F2

Pork Rolling Yam

長いもの豚肉巻き

[材料(2本分)]

長いも　5cm(90g)
海苔　全形½枚
豚ロース薄切り　6枚(150g)
生姜　½かけ
胡椒　少々
A
- 醤油　小さじ1
- 酒　小さじ2
- オイスターソース　小さじ1
- おろし生姜　少々

[作り方]

❶長いもを1cm角の棒状に切り、3本1組にして2等分した海苔でくるみ、豚肉3枚で巻く。
❷熱したフライパンに油をひき、肉の巻き終わりを下にして焼く。*1
❸焼き目がついたら肉を転がし、すべての面を焼いていく。
❹③にAを入れ、肉に煮からめながら焼く。仕上げに胡椒をふる。
❺食べやすい大きさに切り分ける。

*1 しっかり焼けるまで触らないこと。

オイスターソースを少し入れると

料理にコクとテリが出る。

F3

Cabbage, Apple and Sesame Salad

キャベツとりんごのごまサラダ

[材料(2人分)]

キャベツ　1枚(60g)
ピーマン　1個(30g)
赤玉ねぎ　1/8個(25g)
りんご　1/4個(60g)
A
　すりごま　大さじ1 1/2
　酢　大さじ1
　胡椒　少々

[作り方]

❶キャベツとピーマンを千切り、赤玉ねぎは薄切りにして、すべてをボウルに入れ、塩小さじ1/2をふる。
❷りんごを0.5cm幅のいちょう切りにして、塩水に浸けておく。
❸①と②の水気をきって混ぜあわせ、Aで和える。

F4

Kinpira Celery

セロリの五目きんぴら

[材料(2人分)]

セロリ　1/3本(40g)
れんこん　5cm(50g)
ごぼう　1/3本(50g)
にんじん　1/2本(50g)
こんにゃく　1/5枚(50g)
ごま油　適量
砂糖　大さじ1
A
　醤油　小さじ4
　酒　大さじ1

[作り方]

❶セロリを0.5cm幅に斜め切り。他の野菜は3cmの細切り、こんにゃくは短冊切りにする。
❷ごま油を熱し、こんにゃくを炒め、れんこん、ごぼう、にんじんを加え炒める。油がなじんだらセロリを入れる。
❸セロリがしんなりしたら、砂糖を入れて炒め、Aを加えて強火で煮からめる。

・きのこ類、大根やかぶの皮などを入れてもおいしい。

ちくわを入れるとコクが増す。

F5

Eggplant in Mustard Soy Sauce
なすの辛子醤油漬け

[材料(2人分)]

なす　1本(120g)
かつお節　適量
A
│ 醤油　小さじ2
│ みりん　小さじ½
│ 和からし　少々

[作り方]

❶なすを薄く半月切りにし、すぐ水にさらす。
❷なすの水気を切り、Aをからめる。
❸②をビニール袋に入れ、空気を抜くように口を留めもみこみ、味がなじむまでおく。
❹食べる直前に、かつお節をのせる。

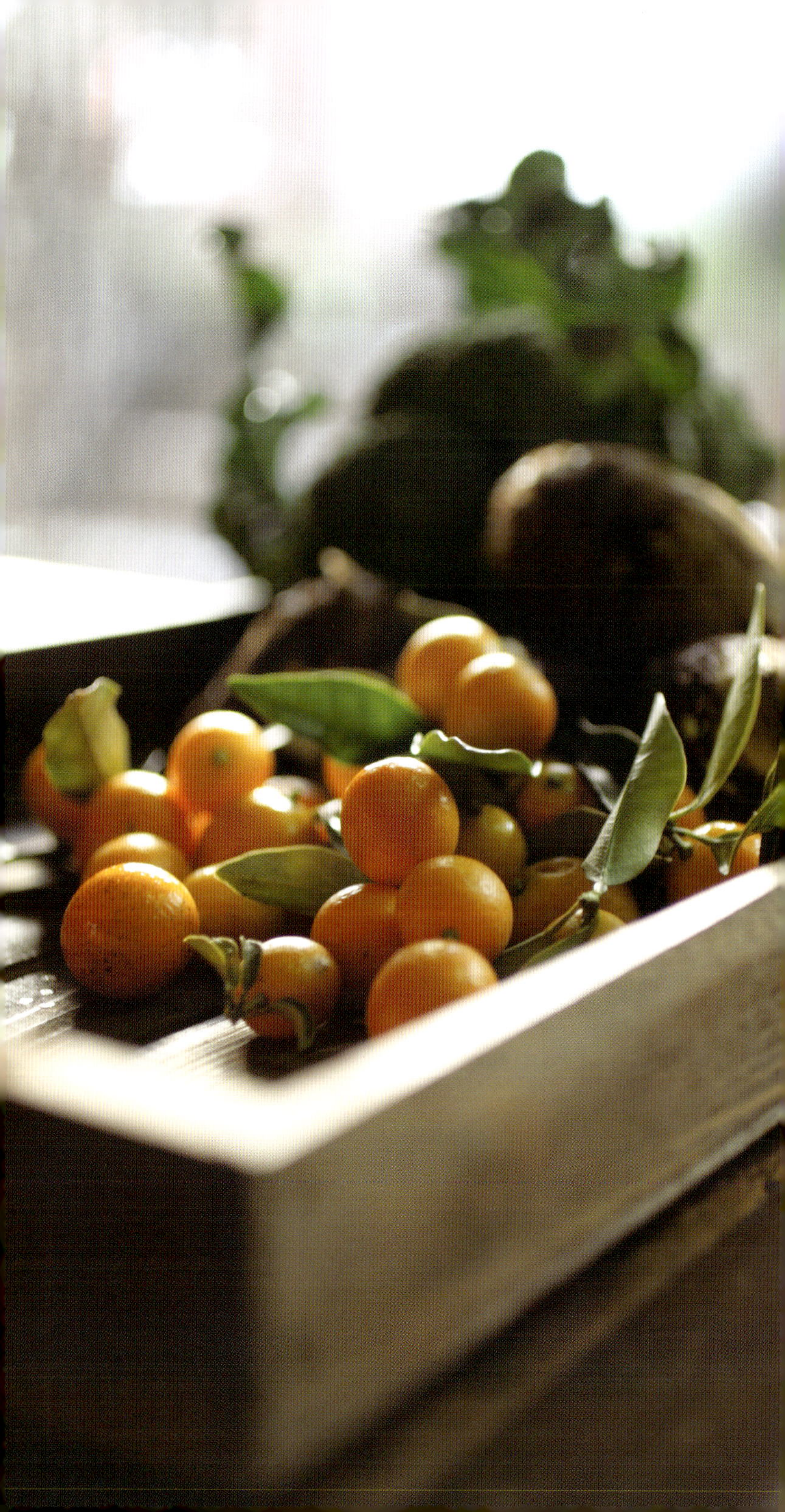

Roca's Recipe Note

76

3
カレーポテトサラダ

1
三つ葉と桜えびの
豆腐コロッケ

negi

mitsuba

radish

toru

chinese cabbage

sakura shrimp

Recipe Note

G 三つ葉と桜えびの豆腐コロッケ定食

4 白菜と麩の梅浸し

5 ラディッシュの漬け物

2 おからとごぼうのハンバーグ

じゃがいもで作るより手間がかからず、ローカロリーな豆腐のコロッケはロカの定番人気メニュー。ハンバーグは胃もたれしないように、ロカではいつもお肉におからや豆腐を混ぜ込んで作ります。ボリュームが出るし食物繊維もたっぷりで、消化にもいいんです。メイン2品とのバランスをとるため、副菜は梅の酸味やカレーの辛みでアクセントをつけ、少し大人の味に仕上げます。

G<u>1</u>

Tofu Croquettes with Mitsuba and Sakura Shrimp
三つ葉と桜えびの豆腐コロッケ

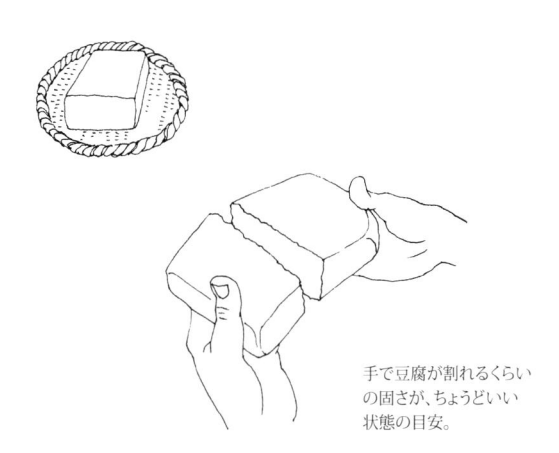

手で豆腐が割れるくらいの固さが、ちょうどいい状態の目安。

[材料(6個分)]

桜えび　15g
三つ葉　½束(30g)
ねぎ　½本(40g)
木綿豆腐　1丁(300g)
小麦粉　大さじ2
卵　½個
パン粉　適量

[作り方]

❶豆腐を中が熱くなるまでしっかり茹で、ザルにあげて冷ましておく。

❷ねぎをみじん切り、三つ葉は1cmの長さにざく切りする。

❸①、②、桜えび、塩小さじ1を混ぜあわせ6等分し、丸める。小麦粉、卵、水大さじ2を混ぜあわせたものにくぐらせ、パン粉をまぶす。

❹楕円形に成形し、中温の油できつね色に色づくまで揚げる。好みでソース(メモ)を。

【ソース】味噌・マヨネーズ各大さじ1、七味唐辛子少々をあわせ、水小さじ2でのばす。

・タネが余る場合は団子状に丸め、片栗粉をまぶして揚げれば「がんもどき」に。煮物の具など、用途が広がる。

G2

Okara and Burdock Hamburg Steak

おからとごぼうのハンバーグ

[材料(2個分)]

玉ねぎ 1/4個(50g)
ごぼう 1/4本(35g)
ごま 適量
A
| 合いびき肉 100g
| おから 50g
| パン粉 大さじ1½
| 卵 1/4個
| 牛乳 大さじ1
| 塩 小さじ½
| 胡椒 少々

[作り方]

❶ 玉ねぎをみじん切りにし、すき通るまで炒め、塩ひとつまみを入れ冷ます。ごぼうはささがきにしておく。
❷ ①とAを混ぜあわせ、2等分に成形する。
❸ 片面にごまをまぶし、ごまをつけた面から、フライパンで軽くこげ目がつくまで中火で両面を焼く。好みでソース(メモ)を。

【ソース】ハンバーグを焼いたフライパンに砂糖ひとつまみ、醤油・酢・酒各小さじ2と胡椒少々を合わせて、ひと煮立ちさせる。

・オーブンで焼いてもよい。200〜220℃で20分くらい。

G³

Curry Potato Salad

カレーポテトサラダ

[材料(2人分)]

玉ねぎ　1/8個(25g)
じゃがいも　2個(200g)
ほうれん草　1/4束(50g)
酢　小さじ2
カレー粉　大さじ1/2
マヨネーズ　大さじ1

[作り方]

❶ 玉ねぎをみじん切りにして、塩でもむ。
❷ じゃがいもの皮をむき、ひとくち大に切り、塩茹でした後ザルにあげ、酢をふり冷ます。*1
❸ ほうれん草をさっと塩茹でし、1.5cmの長さに切り、よく絞る。
❹ カレー粉をフライパンで炒るか、耐熱容器に入れ電子レンジに2分かけて、香りを出す。
❺ すべての野菜をカレー粉、マヨネーズ、塩少々で和える。

*1　生の玉ねぎが苦手な人は、じゃがいもが熱いうちに加え混ぜておく。

味に変化をつけたい時にカレー粉は便利。

揚げ物やホワイトソースとも相性がよい。

G4

Chinese Cabbage and Dried Wheat Gluten with Ume Sauce

白菜と麩の梅浸し

[材料(2人分)]

白菜　1枚半(150g)
麩　10g *1
しめじ　1/3株(50g)
梅肉　大さじ1/2 *2
A
　だし　75cc
　塩　ひとつまみ
　醤油　小さじ1
　みりん　小さじ2

[作り方]

❶白菜は1枚を縦に2等分し1.5cm幅に切り、さっと塩茹でし、水にとって冷ます。

❷しめじはいしづきをとって小房に分け、Aを煮立たせた鍋でさっと煮た後、そのまま鍋で冷ましておく。

❸水で戻し絞った麩、梅肉、よく絞った白菜を、②の鍋に入れ、混ぜあわせる。

*1　麩はどんな種類でもよい。

*2　梅肉は、梅干しの種をとって包丁で細かく叩く。

梅干しの塩分量によって、調味料を加減する。

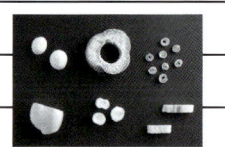

G5

Radish Pickle

ラディッシュの漬け物

[材料(2人分)]

ラディッシュ　5個 *1
昆布　1かけ
A
　砂糖　ふたつまみ
　塩　小さじ¼
　酢　小さじ¼
　水　大さじ1½
　鷹の爪(好みで)

[作り方]

❶ラディッシュを葉と実に分ける。葉の部分はさっと湯通しして水にとり、2cm幅に刻む。実の部分は厚めの輪切り。
❷ラディッシュと昆布、Aをビニール袋に入れてふり混ぜ、空気を抜くように口を留める。
❸味がなじむまで、最低1時間おく。

*1 ラディッシュ以外に赤かぶ、日野菜などの赤い色の野菜も相性よし。

これらの野菜は酢を少し加えることで、色が鮮やかに出るのでおすすめ。

84

How to fold

クッキングシートの
折り方

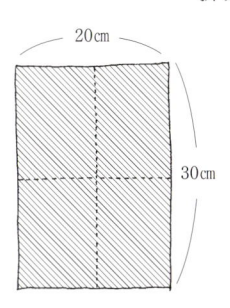

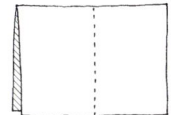

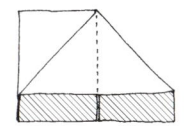

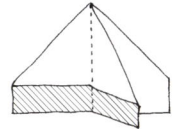

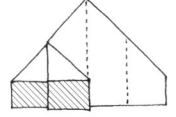

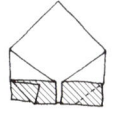

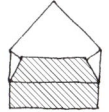

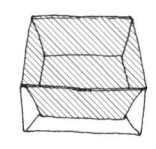

20cm
30cm

1
2
3
4
5
6
7
8

3
玉ねぎドレッシングの
グリーンサラダ

Recipe Note

H 厚揚げと野菜の
スペイン風オムレツ定食

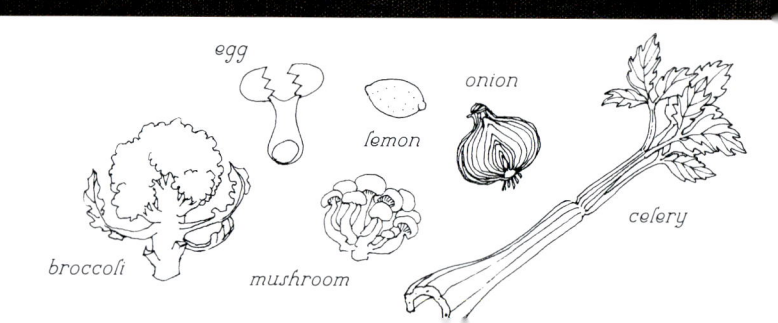

egg

lemon

onion

broccoli

mushroom

celery

4
ブロッコリーとわかめの
白和え

5
きゅうりの
醤油漬け

2
焼きさばのマリネ

1
厚揚げと野菜の
スペイン風オムレツ

　この定食は、予め作りおきできるものばかり。お客様が来る時などにサッと出せる、常備菜としても重宝するおかずを集めました。自作の紙型(→P85)で焼くオムレツは、フライパンで焼くより見栄えよく、失敗がない。マリネもドレッシングも時間をおくほど味がなじみおいしくなります。ロカの白和えはどんな素材でも応用できるから、余った野菜を使い切ることができるし、日持ちもします。

H1

Spanish Omelet

厚揚げと野菜のスペイン風オムレツ

Step 1

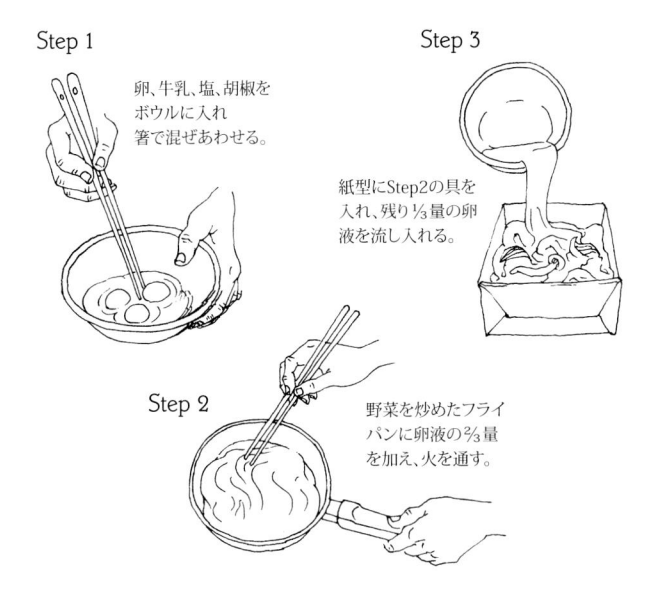

卵、牛乳、塩、胡椒を
ボウルに入れ
箸で混ぜあわせる。

Step 3

紙型にStep2の具を
入れ、残り⅓量の卵
液を流し入れる。

Step 2

野菜を炒めたフライ
パンに卵液の⅔量
を加え、火を通す。

[材料(2人分)]

ベーコン　½枚(20g)

玉ねぎ　¼個(50g)

しめじ　30g

プチトマト　2個

ほうれん草　¼束(50g)

厚揚げ　1個(90g)

粉チーズ　大さじ1

A

　卵　3個

　牛乳　大さじ1½

　塩　ひとつまみ

　胡椒　少々

[作り方]

❶ベーコンを1cm幅の短冊切り、玉ねぎは1cm幅の薄切り、しめじはいしづきをとり小房に分け、ほうれん草は塩茹でし、ざく切り。厚揚げはひとくち大に切る。Aはボウルで混ぜておく。

❷フライパンでベーコンを色づくまで炒め、玉ねぎを加え透き通ってきたら、厚揚げ、しめじ、塩ひとつまみを入れてさらに炒める。

❸Aの⅔の卵液を②に流し入れ、半熟になるまでかき混ぜる。

❹オーブンシートで作った紙箱(→P85)に③を入れる。Aの残り⅓とほうれん草を混ぜて入れ、プチトマトをのせ、粉チーズをふる。

❺180℃に予熱したオーブンで10分、またはオーブントースターで10〜15分焼く。お好みでソース(メモ)をそえる。

【ソース】マヨネーズ大さじ1、塩少々、酢小さじ1、おろしにんにく少々を混ぜる。

H2

Roasted Mackerel's Marinade

焼きさばのマリネ

[材料(2切れ)]

さば　2切れ(120g) *1
玉ねぎ　1/4個(50g)
セロリの葉　少々
レモン 輪切り　4枚
片栗粉　適量
A
　白ワイン　小さじ1
　塩　小さじ1/4
　おろしにんにく　1/2かけ

[作り方]

❶さばの骨を取り、好みで半分に切って、Aをふりかけなじませておく。
❷マリネ液(メモ)とレモン、薄切りにした玉ねぎ、セロリの葉をあわせ、バットに入れる。*2
❸さばに片栗粉をまぶし、油をひいたフライパンで、さばの両面を中火でこんがりと焼く。
❹焼けたらすぐ②に漬ける。味がなじむまで30分ほどおく。

*1　魚はさば以外に、あじやいわしなど青魚ならばなんでも合う。

*2【マリネ液】砂糖小さじ1、醤油大さじ1、酢大さじ1、胡椒少々、水大さじ2をあわせる。

H3

Green Leaf with Onion Dressing
玉ねぎドレッシングのグリーンサラダ

[材料(2人分)]

水菜　1/4袋(60g)
レタス　1/4玉(60g)
玉ねぎ　1/8個(25g) [*1]
A
- 醤油　大さじ1
- 酢　大さじ1 1/2
- 胡椒　少々
- 粒マスタード　小さじ1
- オリーブオイル
　　大さじ2 1/2

[作り方]

❶水菜とレタスを洗い、食べやすい大きさにちぎり、たっぷりの水に浸けシャキッとさせる。

❷玉ねぎをすりおろし、Aと混ぜてドレッシングを作る。

❸①の水気を切り、食べる直前にボウルで②と和え、器に盛る。

*1 生の玉ねぎが苦手な人は、作ったドレッシングをひと晩おくと辛みが和らぐ。

数日おくと味がまろやかになるので、多めに作りおきするとよい。

H4

Broccoli and Wakame Dressed in Tofu

ブロッコリーとわかめの白和え

[材料(2人分)]

- ブロッコリー　½株(100g)
- わかめ(塩蔵)　20g
- 木綿豆腐　半丁(150g)
- 白すりごま　大さじ1
- 砂糖　小さじ2
- A
  - だし　50cc
  - 醤油　大さじ½
  - みりん　大さじ½

[作り方]

❶ 木綿豆腐を茹で、ザルにあげて冷ます。*1

❷ わかめを水に浸け、塩抜きした後、食べやすい大きさに切る。ブロッコリーは小房に分け、茎は皮をむき薄切りし、塩茹でする。

❸ Aを煮立てわかめを入れ、色が変わったらすぐに火を止める。

❹ ③を鍋ごと水に浸して冷まし、水気を絞ったブロッコリーを漬ける。

❺ 豆腐をすりばちでなめらかになるまで潰し、白すりごま、砂糖、塩小さじ¼で調味する。

❻ 水気を切った④を⑤で和える。

---

*1 豆腐がかぶるくらいの水で、中がしっかり熱くなるまで茹でる。

白和えの衣が固いようならば、煮汁でのばす。

H5

Soy Sauced Cucumber Pickle
きゅうりの醤油漬け

[材料(2人分)]

きゅうり　1本(90g)
青じそ　3枚
生姜　⅓かけ
白ごま　小さじ1
A
　醤油　小さじ2
　みりん　小さじ2
　水　小さじ2

[作り方]

❶きゅうりを1cm幅の輪切りにし、1～2分塩茹でして、ザルにあげる。
❷青じそ、生姜はせん切りにする。
❸Aを鍋に入れ、煮立ったら火を止め、①②を加える。
❹保存容器に入れてひと晩おく。
❺食べる直前にごまをふる。

きゅうりは茹でることで水分が抜け、味がしみこみやすくなり、食感もよくなる。

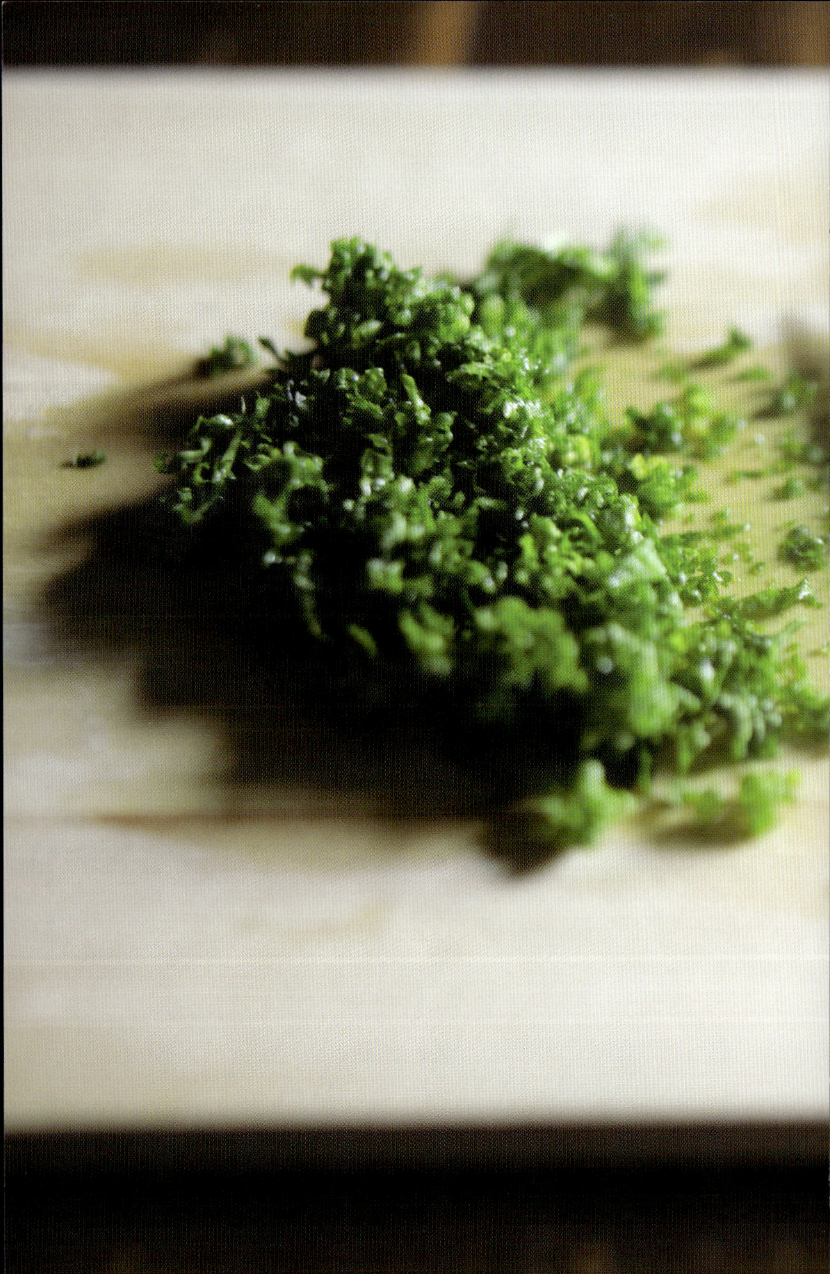

Roca's Recipe Note

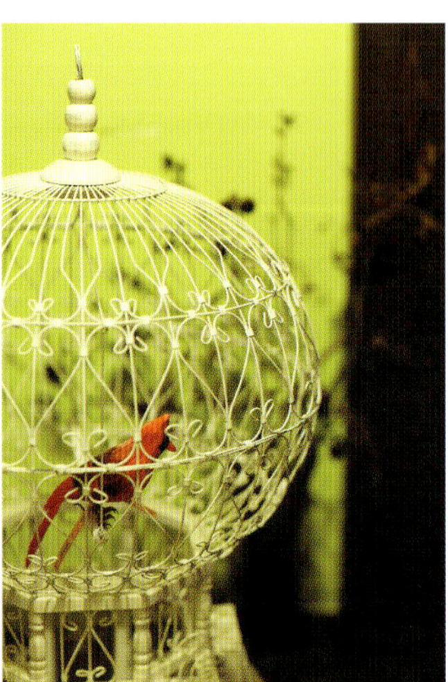

about Story Roca

ロカのこと

98

手製のレシピノート

　今から10年以上前。料理に興味を持ちはじめたころ、まるでわたしはとりつかれたかのように、手製のレシピノートをせっせと作っていたことがある。

　毎日図書館に通い詰め、気になるレシピのコピーをとり、作れそうな料理を片っ端から作っては、メモをして、分類する。友だちの家の本棚はもちろん、病院や銀行へ行ってさえも、待ち合いに置いてある雑誌のレシピページが気になる始末。まるで難しいパズルを解いているかのように、ひとつひとつの料理の仕組みや作り方がわかっていくのが、とにかく面白くて仕方がなかったのだ。

　気がつけば、書き込みだらけのレシピノートや山のようなスクラップ・ファイルが自宅の本棚を占領していた。ノートの山が増えるごとに、ますますわたしの料理への思いは強くなっていったのだ。

　やがて、もっと深く勉強がしたいという思いにかられたわたしは、料理学校の門を叩き、お惣菜屋さんでおかず修業にはげんだ。そしていまのお店、ロカをはじめることとなる。店が忙しくなるにつれ、レシピノートを書き込む時間もすっかり減ってしまった。しかし今でも「あの料理はどのノートのどのあたりに書き込んである」とすぐに思い出すことができるし、ページを開くたびに、毎日キッチンで格闘していた昔の自分がよみがえってくる。なによりそれらは今のロカの料理にとって、なにものにも代えがたい財産だと、日々感じている。

　この本は、かつてわたしが手作りしたレシピノートのようなものにしたい、と思いながら作った。いつもキッチンの隅に置いて、どんどん書き込んで、くたくた・ぼろぼろになるまでつかい込んでもらえたら、本当にうれしい。

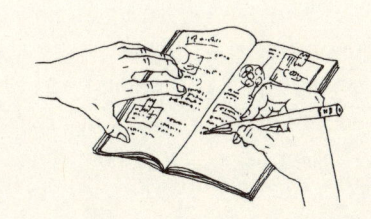

Story Roca about

わたしの献立日常

　開店から毎日、「今日のロカの日替わりごはん」の献立について考えている。それは単純に、わたしが毎日違うものを作りたいし、食べたかったから。ロカをはじめる前は、メニューがたくさん揃うお惣菜屋さんで働いていたので、いろんなおかずのある楽しみを知っていた。

　売れ残ったものや余った食材を新しい商品に作り替えたり、「春雨とホタテを入れたチキンナゲットが食べたい」「鶏とたけのこと豆が入ったピリッとしたやつ、作って」などと、食い道楽のオーナーが気まぐれにつぶやくユニークなアイデアを料理のかたちにしたり。そんな「おかずアレンジ」が仕事のひとつだったので、献立づくりを大変だと思ったことはない。むしろ、そういう仕事をしていたから、食べものは無駄なく使うことがで

about
Story Roca

きなければならない、という考えが徹底的に染みついてしまった。

今ある食材やおかずを、いくつものメニューへと変えていく。ストックした野菜を中心に、根菜、葉野菜、実もの、芋・豆類など、バランスよく入れるようにする。甘いもの、辛いもの、酸っぱいもの、苦いもの。味の組み合わせだけではなく、色、かたちにも心を配る。

そうして定食を作り続けてきたおかげか、ロカには毎日のように来てくださる常連さんが多い。その日の献立を知らなくても、メニューも見ずに入って来られて、定食を注文してくださる。

そんなお客さまの「今日は、なにかな？」という期待をこわさないようにしたい。こういう気持ちが、お店を続けるいちばんの原動力だったりする。

ごはん、味噌汁、お漬け物

　ごはんとお味噌汁が好きだ。海外に行っても欠かさず…というほどではないが、食べるとしみじみ、ほっとする。

　ロカのごはんは、5〜7分づきの胚芽米をつかっている。白米より風味や栄養があって、玄米に抵抗のある人でも食べやすい。お店をはじめるとき、母親でもあるわたしは「小さい子どもにも安心してごはんを食べさせられるように」と考えていたので、小さな口でもちゃんとかみ砕ける胚芽米を選んだ。玄米や胚芽米といった精製度の低いお米は、白米以上にごまかしがきかない。精製するときにとりのぞかれてしまう糠の部分に、良いものも悪いものも蓄積されているから、お米の善し悪しがすぐにわかるのだ。だからお米を買うときは、いつも信頼できるお米屋さんにおまかせしている。

　ロカのお味噌汁は、お麩やえのきなどのふつうの具材を加えたシンプルなお味噌汁だけど、「おいしい」と声をかけてくださるお客さまが多く、うれしい。味噌というものは、こだわりだすときりがない。ロカでは特別高級な味噌はつかっていないけれど、値段と味とのバランスをとりつつ、試行錯誤を経て、豆の味と香りがちゃんと感じられるものを選んだ。だしは、とにかく鮮度のよいものをつかい、しっかりめにとる。だしをきかせて薄味でもしっかりした味を作ることは、お味噌汁にかかわらずどの料理においても心がけていることだ。手間もだしの量もケチケチしないで、ていねいに作れば、必ずおいしいものが作れる。

　お漬け物は、だいたい残り野菜で作る。もともとお漬け物とは、そういうものだろう。残った野菜の端切れを、ぬか床で漬けたり、刻んで塩でもんだりするのは、余さず野菜を食べるためのすぐれた知恵だと思う。だからなのか、お漬け物をお客さんにほめられると、なんだか誇らしい気持ちになる。

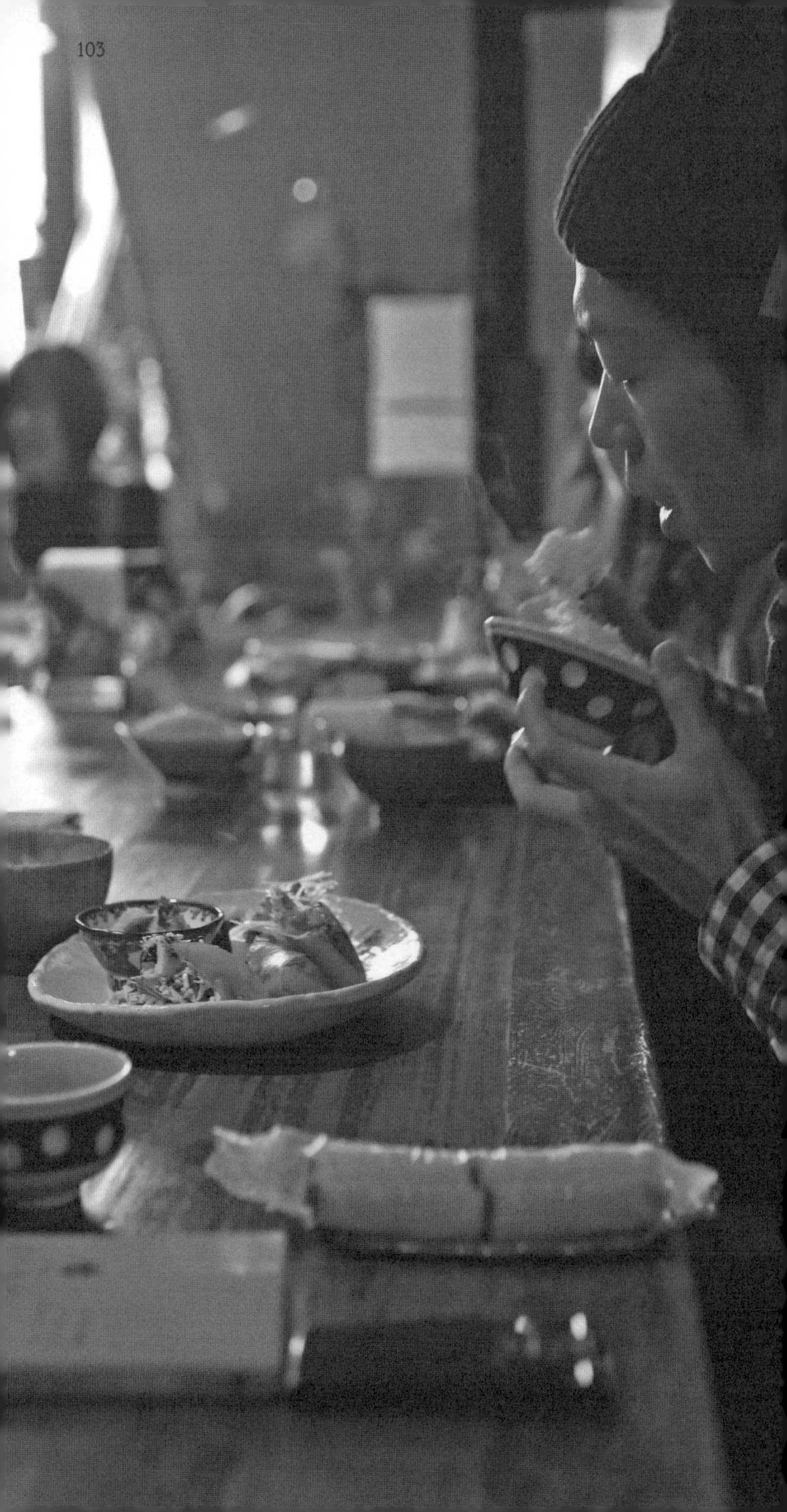

つかい切り至上主義

　お惣菜屋さんで働いていたころのくせなのか、時間ができると、余ったおかずや野菜をうまくつかい切る方法について、つい熱心に考えふけってしまう。そのお店では、朝に作って売れ残ったお惣菜を、夕方に別のおかずに作り替えていた。

　たとえば、残った中華炒めを春巻きの具にしたり、ハンバーグをつぶしミートソースに変えてグラタンにしたり、肉じゃがを揚げまんじゅうにしたり…。大皿に申し訳なさそうに残っていた料理が、生まれ変わってお客さんのかごの中に入っていくのを見るとうれしかった。

　ロカを訪れるひとり暮らしのお客さまから、「自炊すると食材が中途半端に余って困る」という相談をよく受ける。そういうときは、「食材を買ってきたときに、残さずすべて調理してしまうのがいい」と答えている。買い物を済ませたばかりのころは料理をする元気があるけれど、日がたって忙しくなったりすると、一から料理を作る気力がなくなってしまうも

のだ。気づいたときには、冷蔵庫で半分のきゅうりがドロドロになっていたり、ほうれん草がすっかりしなびていたり。

　たとえばきゅうりだったら、買ってきたときにぜんぶ刻んでしまい、料理に使わない分はビニール袋に入れて塩をしておくと、冷蔵庫で3〜4日は持つ。お酢、ごま油と混ぜれば和え物になるし、買ってきたお惣菜やサラダに加えたりしてもおいしい。ほうれん草も、購入後すぐにひと束まるごと茹でてしまう。食べきれない分も一緒に刻んで水分を絞り、ラップに包み、小分けして冷凍しておく。解凍すれば、オムレツやお味噌汁の即席の具として重宝する。

　下ごしらえの済んだ食材が冷蔵庫にあると、ちょっとしたお料理をサッと作れるから、冷蔵庫に入ったまま悲しい末路をむかえるおかずや野菜はいなくなる。料理を作るときに、ついでに保存食を作ってしまう。これはわたしが考える、究極の素材つかい切り料理法。

about
Story Roca

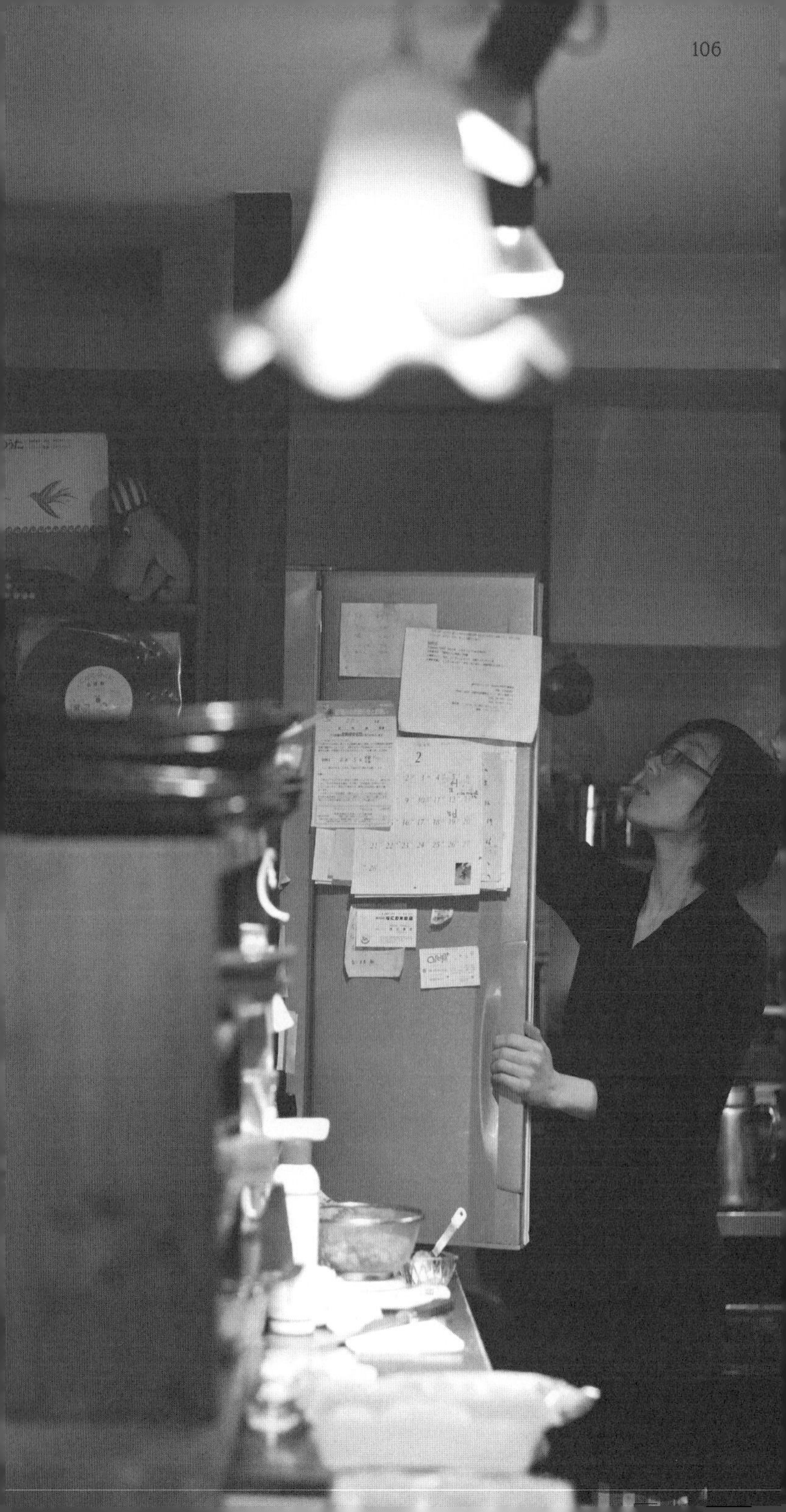

残りものを白く、美しく

ロカには「残り野菜を一掃できる料理」のレパートリーがいくつかある。そのうちのひとつが、白和えだ。

ロカの白和えは、木綿豆腐を茹でて、ザルで水切りし、つぶして砂糖、塩、すりごま、だし、煮汁で調味した後、下ごしらえした野菜などを加えて作る。下ごしらえは、青ものならば塩茹でして、醤油で下味をつけて水気を切る。根菜やきのこは、だしに調味料を加えて煮ておく。

こうやって書くと、ひどく手間のかかる料理のように思える。たしかに、これ1品だけを作ろうと思うと、面倒かもしれない。でも、毎日の料理の中にうまく工夫してとり入れれば、案外、気軽に作れるものなのだ。

豆腐はしっかり茹でて水切りしておけば5日くらいは日持ちするが、その作業に少し時間がかかってしまう。だからたとえば、豆腐は2、3丁を一度に茹でておく。そうしておけば、今日は白和え、明日は炒め物、その次は肉で巻いて…というふうに、豆腐をいろいろな料理に使い分けたり、残った煮物やごま和えをささっと白和えに仕立てることができる。

白和えはとてもおいしいし、ヘルシーで簡単、この作り方なら保存もきく。ロカでもよくお出しする万能メニューだ。わたしが白和えという料理の中で一番すばらしいと感じる点は、残りものだったはずのものを真っ白な豆腐と和えた瞬間、信じられないほど美しい姿に生まれ変わること。こうやって、残ったおかずや素材を見違えらせる工夫をあれこれと想像するのは、もはやわたしの趣味のひとつとなっている。

Story about Roca

おやつとパン あれこれ

　ロカは「ごはん」のイメージが強いけれど、実はわたし自身、ケーキやパンを焼くのも、食べるのも大好き。お店をはじめる前はいろんな酵母や粉を試し、あれこれと焼いたものだ。そのころの経験は、デザートメニュー「ロカのおやつ」に生きている。おやつは、これまでいろいろと変化をとげてきたけれど、今はバナナ・黒糖きなこ・レーズンくるみの3種類のカップケーキにとりあえず落ちついた。毎日、開店前に焼いている。お店では手づくりアイスクリームを添えてデザート風に、お土産としてケーキを買って帰ることもできる。甘くてなつかしい、素朴な味わいが気に入っている。

　パンは、店が忙しくなった今ではもっぱら「買って食べる派」。家の近所にお気に入りのパン屋さんがあるから、ほとんど毎日、そのお店の食パンがわが家の朝食となっている。家族それぞれ、焼き加減には一家言あるので、ひとりひとりが好みの具合になるまで、トースターで育てるように焼く。

　トーストしてバターだけをのせるとき

Story about Roca

「甘くないのがいい」って気分のときは、ベーコンとトマトをのせてトーストしたり、パンに穴をあけ、卵を落として、ココットのように焼いたり。ときには、残りもののきんぴらやひじきをのせ、チーズをふって焼いたりもする。厚揚げと味噌をのせて焼く食べかたも大好き。まるで丼のような感覚。とにかくまあ、なんでもありなのだ。

誰も教えていないはずなのに、小学生の息子がわたしと同じような食べかたを試していた。彼の将来が今から楽しみだ。

もあるし、ジャムやはちみつ、チョコレートやナッツのペーストを塗ることも多いけど、朝からしっかり食べたいときや、夕方に小腹が空いたときは、あらゆるものをパンにのせて焼く。近ごろはトーストにバターを塗ったあとに、ひとつまみの塩と砂糖を混ぜたきな粉を塗る食べかたにはまっている。その前は、バナナをまるごと1本のせて、砂糖とシナモンを上からふりかけ焼いたあと、バターを落とし、バナナをつぶすようにパンでくるりと包んで食べるのが好きだった。

Index

素材別索引

★…数日冷蔵保存しても味が落ちないもの
◆…そのまま冷凍保存できるもの

§ 肉類
・鶏の卵巻き……12　★◆
・ゆで鶏のごまだれ……24　★
・大根葉の揚げ春巻き……42　◆
・つくねと大根の煮物……44　★
・ローストポーク……56　★◆
・長いもの豚肉巻き……70　★
・おからとごぼうのハンバーグ……80　★◆

§ 魚介類
・いわしとピーマンのオーブン焼き……22
・〆あじとかぶの柚子マリネ……34　★
・れんこんの落とし揚げ……58　◆
・春菊とちりめんじゃこのマカロニサラダ…59
・さわらと豆腐のホイル蒸し……68
・三つ葉と桜えびの豆腐コロッケ……78
・焼きさばのマリネ……90　★

§ 卵類
・鶏の卵巻き……12　★◆
・つくねと大根の煮物……44　★
・ロカのマヨネーズ……50　★
・れんこんの落とし揚げ……58　◆
・三つ葉と桜えびの豆腐コロッケ……78
・おからとごぼうのハンバーグ……80　★◆
・厚揚げと野菜のスペイン風オムレツ……88　★

§ 豆類
・高野豆腐となすの旨煮……32
・れんこんと豆のサラダ……45
・大根皮とひじきの酢の物……46　★
・さわらと豆腐のホイル蒸し……68
・三つ葉と桜えびの豆腐コロッケ……78
・おからとごぼうのハンバーグ……80　★◆
・厚揚げと野菜のスペイン風オムレツ……88　★
・ブロッコリーとわかめの白和え……92　★

§ 野菜類
【かぶ】
・〆あじとかぶの柚子マリネ……34　★

【かぼちゃ】
・かぼちゃの寒天寄せ……26　★

【きのこ】
・じゃがいもときのこの揚げまんじゅう…14
・きのこ味噌……61　★
・白菜と麩の梅浸し……82
・厚揚げと野菜のスペイン風オムレツ……88　★

【キャベツ】
・切り干し大根のマスタードサラダ…15
・キャベツとりんごのごまサラダ…71　★

【きゅうり】
・切り干し大根のマスタードサラダ…15
・なすときゅうり、セロリのマリネサラダ…25
・きゅうりの醤油漬け……93　★

【ごぼう】
・セロリの五目きんぴら……72　★
・おからとごぼうのハンバーグ……80　★◆

【さつまいも】
・さつまいものピーナツ味噌和え……36

【じゃがいも】
・じゃがいもときのこの揚げまんじゅう…14
・カレーポテトサラダ……81　★

【春菊】
・春菊とちりめんじゃこのマカロニサラダ…59
・さわらと豆腐のホイル蒸し……68

【セロリ】
・セロリの中華風ピクルス……17　★
・なすときゅうり、セロリのマリネサラダ…25　★
・ローストポーク……56　★◆

・セロリの五目きんぴら……72　★
・焼きさばのマリネ……90　★

【大根】
・大根葉の揚げ春巻き……42　◆
・つくねと大根の煮物……44　★
・大根皮とひじきの酢の物……46　★

【玉ねぎ】
・切り干し大根のマスタードサラダ……15
・いわしとピーマンのオーブン焼き……22
・なすときゅうり、セロリのマリネサラダ…25　★
・春雨と白菜のピリ辛サラダ……35
・れんこんと豆のサラダ……45
・春菊とちりめんじゃこのマカロニサラダ…59
・キャベツとりんごのごまサラダ……71　★
・おからとごぼうのハンバーグ……80　★◆
・カレーポテトサラダ……81　★
・厚揚げと野菜のスペイン風オムレツ……88　★
・焼きさばのマリネ……90　★
・玉ねぎドレッシングのグリーンサラダ…91

【冬瓜】
・冬瓜のヨーグルト味噌漬け……27　★

【トマト】
・ロカのトマトソース……51　★◆
・厚揚げと野菜のスペイン風オムレツ…88　★

【長いも】
・つくねと大根の煮物……44　★
・長いもの豚肉巻き……70　★

【なす】
・なすときゅうり、セロリのマリネサラダ…25　★
・高野豆腐となすの旨煮……32
・なすの辛子醤油漬け……73　★

【にんじん】
・切り干し大根のマスタードサラダ…15
・セロリの五目きんぴら……72　★

【ねぎ】
・鶏の卵巻き……12　★◆
・じゃがいもときのこの揚げまんじゅう…14
・ゆで鶏のごまだれ……24　★
・大根葉の揚げ春巻き……42　◆
・つくねと大根の煮物……44　★
・れんこんの落とし揚げ……58　◆
・三つ葉と桜えびの豆腐コロッケ……78

【白菜】
・春雨と白菜のピリ辛サラダ……35
・白菜と麩の梅浸し……82

【ピーマン】
・いわしとピーマンのオーブン焼き……22
・キャベツとりんごのごまサラダ……71　★

【ブロッコリー】
・ブロッコリーとわかめの白和え……92　★

【ほうれん草】
・ほうれん草と里いものごま和え…60　★
・カレーポテトサラダ……81　★
・厚揚げと野菜のスペイン風オムレツ…88　★

【水菜】
・春雨と白菜のピリ辛サラダ……35
・水菜のピリ辛漬け……47　★
・玉ねぎドレッシングのグリーンサラダ…91

【三つ葉】
・れんこんと豆のサラダ……45
・三つ葉と桜えびの豆腐コロッケ……78

【ラディッシュ】
・ラディッシュの漬け物……83　★

【れんこん】
・れんこんと豆のサラダ……45
・れんこんの落とし揚げ……58　◆
・セロリの五目きんぴら……72　★

木村 緑（きむら・みどり）
1974年京都府生まれ。
大阪市立大学生活科学部卒業後、
辻調理師専門学校にて料理を学ぶ。
2003年、大阪・新町にて「room cafe ロカ」をオープン。
"見た目も味も栄養もバランスよい"定食で人気を博す
（2014年春より一時休業中）。

ロカの定食

2010年 4月28日　第1刷発行
2014年10月15日　第5刷発行

著者	木村 緑
撮影	塩崎 聰
ブックデザイン	藤田康平（Barber）
イラスト	フジマツミキ
協力	北 朋子　竹内舞子　竹村匡己
発行人	今出 央
編集人	稲盛有紀子
発行	株式会社京阪神エルマガジン社
	〒550-8575
	大阪市西区江戸堀1-10-8
	tel.06-6446-7716（編集）
	tel.06-6446-7718（販売）
	http://www.Lmagazine.jp
印刷・製本	図書印刷株式会社

©Midori Kimura 2010, Printed in Japan
ISBN978-4-87435-319-6

本書の無断複写・複製・転載を禁じます。乱丁・落丁本はお取り替えいたします。